汉语听力系列教材

高级汉语听力

（一）

李铭起　主编
王　军　编著

北京语言文化大学出版社

(京) 新登字 157 号

图书在版编目 (CIP) 数据

汉语听力系列教材：高级汉语听力 (1) 李铭起主编；王军编著.
－北京：北京语言文化大学出版社，2001. 重印
ISBN 7－5619－0780－X

Ⅰ. 汉…
Ⅱ. ①李…②王…
Ⅲ. 对外汉语教学：视听教学－教材
Ⅳ. H195.4
中国版本图书馆 CIP 数据核字 (1999) 第 62840 号

责任印制：乔学军
出版发行：北京语言文化大学出版社
社　　址：北京海淀区学院路 15 号　邮政编码 100083
网　　址：http://www.blcup.com
　　　　　http://www.blcu.edu.cn/cbs/index.htm
印　　刷：北京北林印刷厂
经　　销：全国新华书店
版　　次：2000 年 1 月第 1 版　2001 年 9 月第 2 次印刷
开　　本：787 毫米×1092 毫米　1/16　印张：7.5
字　　数：120 千字　印数：3001－7000
书　　号：ISBN 7－5619－0780－X/H·9984
定　　价：15.00 元
发行部电话：010－82303651　82303591
　　　传真：010－82303081
E-mail: fxb@blcu.edu.cn

编写说明

　　编者几年来一直从事对外汉语高级阶段的听力教学。由于现有的新闻听力教材大多在内容上过于陈旧,便采用了收录广播实况新闻自编讲义的方式,几年来积累了大量素材,此次根据"汉语听力系列教材"的体例及要求,对原讲义及录音材料进行了重新设计、安排,编写了这本《高级汉语听力》教材,以满足对外汉语高级听力教学的需要。

　　本书作为"汉语听力系列教材"的有机组成部分,适用于已经学过两年以上汉语,掌握3000以上单词的来华外国留学生和进修生。学完本教材,学生的听力水平一般可达到 HSK 听力考试初、中级规定的8级,并可参加 HSK 高级水平的考试。

一、本教材的特色:

　　1.所选材料绝大部分为原声实况录音(每课的第一和第二部分全部是实况录音,第三部分有一半为原声录音)。录自电台新闻、录音报道以及有声文艺作品,如相声、小品等。目的是增强学生在语言实践中的适应能力。

　　2.播出人的发音标准程度不同。有播音员、记者、普通群众、文艺工作者等,其中夹杂少量方言口音,目的在于训练学生适应各种发音习惯的能力。

　　3.录音材料的清晰度不同。保留了现场效果、背景干扰和说话人的口误,最大程度地再现真实语言环境,目的是训练学生过硬的分辨和判断能力。

　　4.每课提供与 HSK 相配套的多项选择练习。

二、本教材的编写体例:

　　1.本教材共30课,分6个单元。每个单元包括4课主课文和一课单元练习。

　　2.课文按录音文本的主题分类,如:学校教育、老人的晚年、环境与保护、体育运动等。

　　3.主课文由三部分组成:第一部分:新闻简讯或短评(4~5段);第二部分:有一定长度的录音报道或有声文艺作品(1篇);第三部分:多项选择训练(15题)。

　　4.单元测试由两部分组成:(1)模拟 HSK 形式的多项选择题20题(与本单

元的课文主题有关,但内容不重复);(2)相应长度和难度的原始录音材料一篇,练习形式为回答问题或判断正误。

  5.课文中的生词、练习不在课前课后集中列出,而是在每一段录音材料后分别排列。

  6.生词和专名全部标注汉语拼音,并用汉语释义,目的是培养学生用汉语理解词义的能力,摆脱对双语词典的依赖。

  7.每课的练习形式,第一和第二部分主要有简要回答问题、判断正误、填空和听写,第三部分全部为多项选择。

  8.录音磁带配有原始实况录音和后期标准录音两种。

三、特别说明:

  由于本教材多是原始录音,录音文本是根据录音听记整理的,因此,对地名和人名只能采用记音的办法,不能保证字形完全准确。

  原始录音虽然没有标明出处,但全部原始录音都录自中央人民广播电台、山东人民广播电台等正规电台以及正式出版的音像制品,内容真实可靠。

  本教材涉及材料多,编写时间紧,在听记过程中难免有误差,练习中也定会有需进一步改进的地方,敬请诸位同行和本教材使用者批评指正。

编 者
1999 年 3 月

目 录

第一课　打开收音机 …………………………………………（1）

第二课　人口与素质 …………………………………………（9）

第三课　今天的儿童 …………………………………………（15）

第四课　学校教育 ……………………………………………（22）

第五课　单元练习（一）………………………………………（30）

第六课　希望工程 ……………………………………………（33）

第七课　老人的晚年 …………………………………………（40）

第八课　走近残疾人 …………………………………………（47）

第九课　我们身边的雷锋 ……………………………………（54）

第十课　单元练习（二）………………………………………（61）

附录一：录音文本 ……………………………………………（64）

附录二：部分练习参考答案 …………………………………（107）

第一课　打开收音机

第一部分　广播节目类型

★ 新闻节目的内容提要

语　词

1. 提要　　　　tíyào　　　　　全文中提出的要点。
2. 摘要　　　　zhāiyào　　　　摘录下来的要点。
3. 农历　　　　nónglì　　　　 中国的传统历法,也叫阴历。
4. 诞辰　　　　dànchén　　　　出生日。
5. 退位　　　　tuìwèi　　　　 最高统治者让出统治地位。
6. 联欢　　　　liánhuān　　　 在一起欢聚。
7. 出席　　　　chūxí　　　　　参加会议。
8. 会见　　　　huìjiàn　　　　跟别人相见。
9. 一行　　　　yìxíng　　　　 一群(指同行的人)。
10. 睦邻　　　　mùlín　　　　　跟邻居或相邻的国家和睦相处。
11. 春运　　　　chūnyùn　　　　春节期间的运输。
12. 删减　　　　shānjiǎn　　　 去掉,减少。
13. 核潜艇　　　héqiántǐng　　 核动力推动的潜艇。

专　名

1. 中央人民广播电台　Zhōngyāng Rénmín　　电台名。
　　　　　　　　　　Guǎngbō Diàntái
2. 唐代　　　　　　　Tángdài　　　　　　　中国朝代名。
3. 杜甫　　　　　　　Dù Fǔ　　　　　　　　唐代著名诗人。
4. 清朝　　　　　　　Qīngcháo　　　　　　 中国朝代名。
5. 溥仪　　　　　　　Pǔyí　　　　　　　　 中国最后一个皇帝。
6. 中共中央　　　　　Zhōnggòng Zhōngyāng　中国共产党中央委员会。
7. 江泽民　　　　　　Jiāng Zémín　　　　　中国领导人名。
　 李鹏　　　　　　　Lǐ Péng

朱镕基	Zhū Róngjī	
李瑞环	Lǐ Ruìhuán	
刘华清	Liú Huáqīng	
胡锦涛	Hú Jǐntāo	
尉建行	Wèi Jiànxíng	
8. 金钟泌	Jīn Zhōngbì	人名。
9. 国家教委	Guójiā Jiàowěi	国家教育委员会。
10. 加拿大	Jiānádà	国家名。
11. 海湾地区	Hǎiwān Dìqū	地区名。
12. 波兰	Bōlán	国家名。
13. 北爱尔兰	Běi Ài'ěrlán	地区名。

练　　　习

(一) 把第一段连续听两遍，简要回答问题：
 1. 这个节目是在一天的什么时间播出的？
 2. 请复述一遍今天的日期。
 3. 今天是哪两个朝代的什么人的纪念日？

(二) 听一遍内容提要，把广播中出现的内容画出来：
　　教育　　体育　　联欢晚会　　铁路运输　　农业　　会见
　　撞船　　军事行动　　妇女　　企业　　枪杀事件

★　天气预报

语　　　词

1. 间	jiàn	夹杂。
2. 海区	hǎiqū	海洋上的一定区域。
3. 内陆	nèilù	没有海岸线的地区。
4. 明晨	míngchén	明天早晨。
5. 半岛	bàndǎo	三面临水，一面连接大陆的陆地。

专　　　名

鲁	Lǔ	山东省简称。

(一)听一遍,简要回答问题:
　　1.播音员在预报哪段时间的天气情况?
　　2.我们听到的温度是最高温度还是最低温度?

(二)再听一遍,在括号里填上合适的内容:

今天	天气	（　　　）		
	各海区	（　　风）	（　　级）	
	内陆地区		（　　级）	
明晨	鲁北、鲁中山区和半岛内陆地区			（　　摄氏度）
	其他地区			（　　摄氏度）
28号	天气	（　　　）		
	各海区	（　　风）	（　　级）	
	内陆地区		（　　级）	

★　简讯一

　　　　　　　　　　　　语　　词

1. 透露　　　　tòulù　　　　泄露或显露(消息、意思等)。
2. 开设　　　　kāishè　　　设立。
3. 本土　　　　běntǔ　　　　本地。
4. 预计　　　　yùjì　　　　　预先估计。

　　　　　　　　　　　　专　　名

1. 李晓奇　　　Lǐ Xiǎoqí　　人名。
2. 香港　　　　Xiānggǎng　　地名。

　　　　　　　　　　　　练　　习

连续听两遍,判断下面句子的正误:
　　1.香港电台开设了一个普通话台。　　　　　　　　　　（　　）

2. 香港以前从来没有普通话电台。　　　　　　　　　　　（　）
3. 普通话台在第一阶段实现24小时播音。　　　　　　　（　）

★ 简讯二

语　词

1. 发言人　　　　　　　fāyánrén　　　　　　　代表某一政权机关或组
　　　　　　　　　　　　　　　　　　　　　　　织发表意见的人。
2. 应……的邀请　　　　yìng……de yāoqǐng　　接受……的邀请。
3. 总统　　　　　　　　zǒngtǒng　　　　　　　共和国的元首名称。
4. 国事　　　　　　　　guóshì　　　　　　　　国家大事。
5. 就……（进行讨论）　 jiù……(jìnxíng tǎolùn)　 对……（进行讨论）

专　名

1. 外交部　　　　　　　Wàijiāobù　　　　　　　国家主管外交事务的机关。
2. 朱邦造　　　　　　　Zhū Bāngzào　　　　　　人名。
3. 美利坚合众国　　　　Měilìjiān Hézhòngguó　　美国。
4. 威廉·克林顿　　　　 Wēilián·Kèlíndùn　　　　美国总统。
5. 香港特别行政区　　　Xiānggǎng Tèbié　　　　中国一行政区。
　　　　　　　　　　　Xíngzhèngqū

练　习

(一) 听一遍，简要回答问题：
　　1. 请说出访问者、邀请者、访问时间。
　　2. 两国领导人将讨论什么问题？

(二) 再听一遍，判断下面句子的正误：
　　1. 这个消息是由中国外交部的发言人宣布的。　　　　　（　）
　　2. 这是一次正式的国事访问。　　　　　　　　　　　　（　）
　　3. 克林顿将访问中国的四个城市和地区。　　　　　　　（　）

★ 简讯三

语　　词

1. 届	jiè	次(用于定期的会议和毕业的班级)。
2. 人大	réndà	人民代表大会。
3. 回归	huíguī	中国恢复对香港行使主权。
4. 政策	zhèngcè	国家或政党制定的行动准则。
5. 坚定不移	jiāndìng bù yí	稳定不动摇。
6. 统一大业	tǒngyī dàyè	指统一国家的事业。

专　　名

1. 罗关星	Luó Guānxīng	人名。
2. 乔石	Qiáo Shí	人名。
3. 海谊酒店	Hǎiyì Jiǔdiàn	酒店名。
4. 邓小平	Dèng Xiǎopíng	人名。
5. 一国两制	Yīguóliǎngzhì	一个国家两种制度。
6. 基本法	Jīběnfǎ	香港特别行政区基本法。
7. 澳门	Àomén	地名。
8. 台湾	Táiwān	地名。

练　　习

(一)听一遍,简要回答问题:
　　1. 乔石是在什么场合发表讲话的?
　　2. 邓小平提出的香港方针的内容是什么?
　　3. 香港回归以后,多少年保持现在的政策不变?

(二)再听一遍,判断下面句子的正误:
　　1. 50年以后,对香港的政策才有可能改变。　　　　　(　　)
　　2. 台湾的统一也要按照"一国两制"来解决。　　　　(　　)
　　3. 乔石对国家的统一很有信心。　　　　　　　　　(　　)

第二部分 相声：别扭话

语　词

1. 相声　　　xiàngshēng　　　中国一传统艺术。
2. 评比　　　píngbǐ　　　　　通过比较，评出高低。
3. 逻辑　　　luóji　　　　　　思维或客观的规律。
4. 顺耳　　　shùn'ěr　　　　　话听着舒服。
5. 别扭　　　bièniu　　　　　 让人不舒服。
6. 蜂窝煤　　fēngwōméi　　　　加工后像蜂窝的煤。
7. 煤球　　　méiqiú　　　　　 加工后像球的煤。
8. 液化罐　　yèhuàguàn　　　　液化煤气的容器。
9. 断气　　　duàn qì　　　　　停止呼吸，死亡。
10. 赌气　　　dǔ qì　　　　　　因不满意或受指责而任性。
11. 肠子　　　chángzi　　　　　消化器官的一部分。
12. 肝　　　　gān　　　　　　　消化器官之一。
13. 转悠　　　zhuànyou　　　　 无目的的闲逛。
14. 外甥　　　wàisheng　　　　 姐姐或妹妹的儿子。
15. 缝纫机　　féngrènjī　　　　做衣服的机器。
16. 失修　　　shīxiū　　　　　 没有维护修理。
17. 怄气　　　òuqì　　　　　　 闹别扭，生闷气。
18. 送终　　　sòng zhōng　　　 安排长辈亲属的丧事。
19. 踹　　　　chuài　　　　　　用脚踢。
20. 遗体　　　yítǐ　　　　　　 死者的尸体，用于尊敬的人。

练　习

1. 请你说出相声中哪些是别扭话？
2. 这些话为什么听起来别扭？
3. 你还知道其他别扭话吗？

第三部分　选择正确答案

1. A. 看直播节目　　　　　　　　　B. 上班
   C. 看录像　　　　　　　　　　　D. 演出

2. A. 对孩子不好　　　　　　　　　B. 非常可爱
   C. 变化快　　　　　　　　　　　D. 雨多

3. A. 有自办节目　　　　　　　　　B. 转播中央台的一部分节目
   C. 自办和转播结合　　　　　　　D. 有两套节目

4. A. 1998年9月3号　　　　　　　B. 1998年9月的第三周
   C. 以后每年9月的星期三　　　　D. 以后每年9月的第三周

5. A. 普通话　　　　　　　　　　　B. 广东话
   C. 英语　　　　　　　　　　　　D. 香港话

6. A. 不明白　　　　　　　　　　　B. 讽刺
   C. 赞扬　　　　　　　　　　　　D. 不相信

7. A. 很好　　　　　　　　　　　　B. 演员很有意思
   C. 不能把观众逗笑　　　　　　　D. 观众素质太差

8. A. 访问大约一个星期　　　　　　B. 邀请者是江泽民主席
   C. 总统夫人也参加了访问　　　　D. 访问者坐飞机到达北京

9. A. 回巴黎以前　　　　　　　　　B. 回巴黎以后
   C. 去莫斯科以前　　　　　　　　D. 回莫斯科以后

10. A. 荷兰首相访问中国　　　　　　B. 李鹏发出邀请
    C. 访问是正式的　　　　　　　　D. 访问时间为7天

11. A. 观看文艺节目　　　　　　　　B. 视察军队
    C. 香港回归庆祝活动　　　　　　D. 新机场揭幕典礼

12. A. 气温变化很大　　　　　　　　B. 冷空气较弱
    C. 没有冷空气　　　　　　　　　D. 冷空气较强

7

13. A. 北方基本上不下雨　　　　　　　　B. 西南地区一直下雨
　　 C. 长江中下游地区阴天无雨　　　　　D. 东部地区是阴雨天气

14. A. 香港回归以前　　　　　　　　　　B. 香港回归以后
　　 C. 香港回归那一天　　　　　　　　　D. 不能确定

15. A. 自由经济制度　　　　　　　　　　B. 与内地及国际投资者的合作
　　 C. 国际金融　　　　　　　　　　　　D. 旅游业

第二课 人口与素质

第一部分 新闻简讯

★ 简讯一

语　　词

1. 生育　　　　　　shēngyù　　　　　　生孩子。
2. 率　　　　　　　lǜ　　　　　　　　 两个相关的数在一定条件下的比值。
3. 冲突　　　　　　chōngtū　　　　　　激烈争斗。
4. 呈……趋势　　　 chéng……qūshì　　 表现出某种发展的方向。
5. 显著　　　　　　xiǎnzhù　　　　　　非常明显。

专　　名

1. 中国国际广播电台　Zhōngguó Guójì Guǎngbō Diàntái　　电台名。
2. 联合国　　　　　Liánhéguó　　　　　第二次世界大战后成立的国际组织,总部设在美国纽约。

练　　习

听两遍,简要回答问题:
1. 目前世界人口有什么发展趋势?
2. 造成这一趋势的主要原因是什么?
3. 1.72%是一个什么时期的数字?

★ 简讯二

语　　词

1. 抽样　　　　　chōu yàng　　　　抽取部分样本。
2. 千分点　　　　qiānfēndiǎn　　　一个千分点就是1‰。
3. 幅度　　　　　fúdù　　　　　　比喻事物变化的大小。

练　习

(一)听一遍,简要回答问题:
　　1. 北京市的人口呈什么趋势?
　　2. 造成这一趋势的主要原因是什么?

(二)再听一遍,判断下面句子的正误:
　　1. 这次人口调查不是全面调查。　　　　　　　　　　　(　　)
　　2. 北京市的人口自然增长在1995年以前就呈下降趋势。　(　　)
　　3. 1990年北京市的人口自然增长率是4.93‰。　　　　　(　　)

★ 简讯三

语　　词

1. 普查　　　　　pǔchá　　　　　普遍调查。
2. 世人　　　　　shìrén　　　　　世界上的人。
3. 瞩目　　　　　zhǔmù　　　　　把视线集中在某一事物上。
4. 婴儿　　　　　yīng'ér　　　　 不满一岁的小孩儿。
5. 体重　　　　　tǐzhòng　　　　身体的重量。
6. 厘米　　　　　límǐ　　　　　　长度单位。

练　习

听两遍,把有关的数字写下来:
　　据第四次全国人口普查表明,我国少年儿童目前已占全国总人口的____,全国_____少年儿童健康成长,我国儿童事业的发展成就令世人瞩目。目前我国婴儿及5岁以下儿童死亡率分别达到_____,1995年,全国7～14岁儿童平均身高_____厘米,比1985年增长____厘米;平均体重_____公斤,比1985年增加了_____公斤。

★ **简讯四**

语　　词

1. 寿命	shòumìng	生存的年限。
2. 居(第一)	jū(dìyī)	在(第一)的位置上。
3. 仅次于	jǐncìyú	次序在第二,仅落后于第一。
4. 数据	shùjù	进行计算、统计所依据的数值。

专　　名

1. 西非	Xīfēi	非洲西部。
2. 塞拉利昂	Sàilālì'áng	非洲西部的一个国家。

练　　习

听一遍,写出下面国家和地区相对应的人口寿命:

香　港 _____岁　　　　　日　本 _____岁
塞拉利昂_____岁　　　　　世界平均_____岁

第二部分　述评:未来中国人口面临的四把利剑

语　　词

1. 适度	shìdù	程度适当。
2. 持续	chíxù	连续不断。
3. 就业	jiù yè	得到工作。
4. 固定资产	gùdìng zīchǎn	作为劳动资料或其他用途的财产,如房屋、车间、机器、家具等,与"流动资产"相对。
5. 适宜	shìyí	合适。
6. 副食品	fùshípǐn	主食之外的食品。
7. 突破	tūpò	(在某一方面)打破困难或限制。
8. 悬	xuán	挂。
9. 利剑	lìjiàn	锋利的剑。

10. (性别)比	(xìngbié)bǐ	比例。
11. (女、男)婴	(nǚ、nán)yīng	不满一岁的小孩儿。
12. 计划生育	jìhuà shēngyù	按计划控制生育。
13. 攀升	pānshēng	上升。
14. 骤升	zhòushēng	突然上升。
15. 失调	shītiáo	失去平衡。
16. 恶果	èguǒ	很坏的结果。
17. 加剧	jiājù	加深严重程度。
18. 高攀不下	gāo pān bú xià	停留在很高的水平,降不下来。
19. 扭曲	niǔqū	扭转变形。
20. 素质	sùzhì	素养、能力。
21. 大专	dàzhuān	大学程度的专科学校的简称,也指大学程度专科学历。
22. 中专	zhōngzhuān	中等专科学校的简称,也指中等专科学校的学历。
23. 迹象	jìxiàng	指表露出来的不很显著的情况。
24. 搭乘	dāchéng	趁便乘别人的车。
25. 抚养	fǔyǎng	养活。
26. 模式	móshì	使人可以照着做的标准形式。
27. 金字塔	Jīnzìtǎ	古代埃及、美洲的一种建筑物。
28. 娇惯	jiāoguàn	(对幼年儿女)宠爱。
29. 严峻	yánjùn	严厉、严肃。
30. 课题	kètí	研究讨论或急需解决的主要问题或事项。

专 名

| 张毅 | Zhāng Yì | 人名。 |

练 习

(一)把第一段听两遍,完成填空:

它意味着政府得为今后50年内持续增长的人口提供_____,既包括_____,也包括_____;政府得为今后30~50年内大约3~3.5亿的新增劳动人口提供和创造_____;政府得为今后20~30年内大约8亿劳动者提供_____、_____和_____;政府得为今后20~50年内增长的七八亿城市人口提供＿＿＿＿＿＿＿＿＿＿＿＿＿＿＿＿。

(二)把第二段听两遍,判断下面句子的正误:
1. "出生性别比"的意思就是每出生100名女婴和同时间内出生的男婴的比例。（ ）
2. 男婴出生率高于女婴是一种人类普遍的现象。（ ）
3. 出生性别比如果高于100：105就是不正常的。（ ）
4. 在四川、浙江、河南等省区,女婴比男婴多的程度更严重。（ ）
5. 与人口总量增长带来的危险相比,性别比例失调带来的危险更大。（ ）
6. 男性偏多严重影响了未来人们的婚姻和家庭生活。（ ）

(三)把第三段听两遍,简要回答问题:
1. 在中国6岁以上的人口中,高中以上文化水平的人占多少?
2. 农村的孩子为什么过早地辍学了?
3. 很多学生的学业被什么断送了?
4. 到2010年,中国人口的文化结构会是什么样子?
5. 人口素质低造成的后果是什么?

(四)把第四段听两遍,简要回答问题:
1. 4：2：1(或5：2：1)结构是什么意思?
2. 4：2：1这样的家庭结构会不会出现?为什么?
3. 是什么原因造成了4：2：1的家庭抚养关系?
4. 由于这种结构的出现,未来家庭的变化趋势存在什么问题?
5. 人们为什么怀疑未来的"一对青年夫妇"的承受能力呢?
6. 未来社会怎样解决这一问题?

第三部分　选择正确答案

1. A. 10%　　　　　　　　　　B. 15%
   C. 10～15%　　　　　　　　D. 66%

2. A. 小学人数减少　　　　　　B. 上学机会增多
   C. 就业压力减少　　　　　　D. 老龄化加快

3. A. 中国第一批独生子女出现了　　　　B. 人们不知怎样关心独生子女
　　C. 独生子女开始结婚、生孩子了　　　D. 培养独生子女很难

4. A. 妻子不满意　　　　　　　　　　　B. 失去在社会和家庭中的地位
　　C. 孩子长大离开家　　　　　　　　　D. 身体不健康

5. A. 被接受了　　　　　　　　　　　　B. 没有被接受
　　C. 影响了经济发展　　　　　　　　　D. 没有被发现

6. A. 日本的老人有一万多人超过100岁
　　B. 以前也曾有过百岁老人超过1万名的纪录
　　C. 女寿星不如男寿星多
　　D. 社会的老龄化问题正在下降

7. A. 增加人口　　　　　　　　　　　　B. 提高学历
　　C. 提高人口素质　　　　　　　　　　D. 平衡男女比例

8. A. 建国初　　　　　　　　　　　　　B. 20年
　　C. 1995年　　　　　　　　　　　　　D. 建国到现在

9. A. 12.01%　　　　　　　　　　　　　B. 12.1%
　　C. 80%　　　　　　　　　　　　　　D. 68%

10. A. 拉美地区　　　　　　　　　　　　B. 发达国家
　　C. 发展中国家　　　　　　　　　　　D. 联合国粮农组织成员国

11. A. 8亿　　　　　　　　　　　　　　B. 1100万
　　C. 500万　　　　　　　　　　　　　D. 550万

12. A. 13亿　　　　　　　　　　　　　　B. 3亿
　　C. 10亿　　　　　　　　　　　　　　D. 16亿

13. A. 妇女　　　　　　　　　　　　　　B. 老人
　　C. 儿童　　　　　　　　　　　　　　D. 病人

14. A. 不想上学　　　　　　　　　　　　B. 没钱上学
　　C. 找不到学校　　　　　　　　　　　D. 学习不好

15. A. 国家教育经费减少　　　　　　　　B. 人才流失到国外
　　C. 人口太多　　　　　　　　　　　　D. 经济改革和结构调整

第三课　今天的儿童

第一部分　新闻简讯

★ 简讯一

语　词

1. 打工　　　dǎ gōng　　　做工。
2. 年迈　　　niánmài　　　年纪老。
3. 公公　　　gōnggong　　　丈夫的父亲。
4. 婆婆　　　pópo　　　丈夫的母亲。
5. 宠爱　　　chǒng'ài　　　对孩子喜爱,娇惯。
6. 有余　　　yǒuyú　　　有剩余。
7. 呼吁　　　hūyù　　　请求别人援助或主持公道。

专　名

《广西日报》　　　Guǎngxī Rìbào　　　广西省的一家报纸。

练　习

听两遍,简要回答问题:
1. 新闻中讲的是什么地区的事?
2. 孩子是谁来照顾的?
3. 孩子的父母干什么去了?
4. 孩子的教育存在什么问题?
5. 报纸对这种现象持什么态度?

★ 简讯二

语　　词

1. 时下	shíxià	当前,眼下。
2. 不利于	bú lìyú	对……不利,对……没有好处。
3. 自立	zìlì	不依赖别人。
4. 过(错)	guò(cuò)	错误。

专　　名

《辽宁日报》	Liáoníng Rìbào	辽宁省的一家报纸。

练　　习

听两遍,简要回答问题:
　1. 文章中提到的是什么人的家长?
　2. 家长们怎样对待自己的孩子?
　3."累而有过"的具体意思是什么?

★ 简讯三

语　　词

1. 领养	lǐngyǎng	把别人家的孩子领来,当作自己的孩子抚养。
2. 孤儿	gū'ér	失去父母的儿童。
3. 国籍	guójí	指个人具有的属于某个国家的身份。
4. 驳斥	bóchì	反驳错误的言论。
5. 媒介	méijiè	使双方发生关系的人或物。
6. 所谓	suǒwèi	所说的。(有时含有不承认的意思)
7. 虐待	nüèdài	用残暴狠毒的手段对待别人。
8. 福利院	fúlìyuàn	政府收留老年人和孤儿的组织。
9. 逗留	dòuliú	暂时停留。

专　　名

1. 纽约	Niǔyuē	地名。

2. 曼哈顿岛	Mànhādùn Dǎo	地名。
3. 长岛	Chángdǎo	地名。
4. 合肥	Héféi	地名。
5. 爱德华·芭芭拉	Àidéhuá·bābālā	人名。
6. 广州	Guǎngzhōu	地名。

练 习

(一)听一遍,简要回答问题:
   1. 什么人就什么问题发表讲话?
   2. 中国福利院对儿童怎么样?

(二)再听一遍,判断下面句子的正误:
   1. 这些讲话是在领养孤儿仪式上发表的。   ( )
   2. 中国孤儿院虐待儿童的报道是西方新闻界发出的。 ( )
   3. 爱德华·芭芭拉博士到中国是进行儿童教育学研究的。 ( )
   4. 他们夫妇二人曾经到过中国的两个城市。   ( )

★ 简讯四

语 词

1. 果汁	guǒzhī	用鲜果的汁水制成的饮料。
2. 营养	yíngyǎng	养分。
3. 综合症	zōnghézhèng	各种不同的病症结合在一起。
4. 充气	chōng qì	向某物注入气体。
5. 摄取	shèqǔ	吸收。
6. 食欲	shíyù	吃东西的欲望。
7. 不振	búzhèn	不强烈。
8. 腹泻	fùxiè	排便次数过多,泻肚、闹肚子。
9. 学龄前	xuélíngqián	上学年龄之前(的儿童)。
10. 听之任之	tīng zhī rèn zhī	让事情自由发展,不管不问。

专 名

可口可乐	Kěkǒukělè	一种饮料名(Cocacola)。

练 习

(一)听一遍,简要回答问题:
1. 这段话的主要意思是什么?
2. 文章中提到了一种什么病?
3. 这种病的表现是什么?

(二)再听一遍,判断下面句子的正误:
1. 饮料里有不少营养成分,对孩子的健康有好处。（ ）
2. 得饮料综合症的儿童占全体儿童的三分之一。（ ）
3. 70%的学龄前儿童和50%的幼儿园孩子一直把饮料当水喝。（ ）
4. 大多数父母对孩子喝饮料的习惯不在乎。（ ）

第二部分 专稿:如何培养高"情商"的孩子

语 词

1.	依赖	yīlài	依靠别人,不能自立。
2.	立足于	lìzúyú	站在……立场上。
3.	避免	bìmiǎn	不让某种情况发生。
4.	获益	huò yì	获得好处。
5.	失误	shīwù	过失,错误。
6.	切合	qièhé	十分符合。
7.	目睹	mùdǔ	亲眼看到。
8.	里程碑	lǐchéngbēi	设在道路旁边用以记载里数的标志,比喻在历史发展中可以作为标志的大事。
9.	蹒跚学步	pánshān xué bù	刚刚开始学着走路。
10.	暴力	bàolì	强制的力量;武力。
11.	证据	zhèngjù	能够证明某事真实性的事实或材料。
12.	霸道	bàdào	蛮横,不讲道理。
13.	无动于衷	wú dòng yú zhōng	一点都不受感动,不动心。

14. 忧虑	yōulǜ	忧愁担心。
15. 应付	yìngfu	对人或事采取办法措施。
16. 插手	chā shǒu	参与某种活动。
17. 抱怨	bàoyuàn	心中不满,说别人不对。
18. 坚持不懈	jiānchí bú xiè	坚决进行,不停顿,不动摇。
19. 韧性	rènxìng	顽强持久的精神。
20. 不言而喻	bù yán ér yù	不用说就可以明白。
21. 隐私	yǐnsī	不愿意告诉别人的事,不愿意公开的事。
22. 孪生子	luánshēngzǐ	同一胎出生的孩子。
23. 探讨	tàntǎo	寻找答案,解决疑问。

专　　名

《山东纵横》	Shāndōng Zònghéng	山东人民广播电台的栏目名。

练　习

(一) 把第一段听一遍,简要回答问题:
  1. 一个人的成功取决于哪些因素?
  2. 在这些因素中,哪个是更重要的?
  3. "情商"的意思是什么?

(二) 听文章中的十个问题,判断下面句子的正误:
  1. 父母遇到重要问题,应该让孩子知道。　　　　　　(　)
  2. 父母不要在孩子面前公开谈论自己的失误。　　　　(　)
  3. 孩子乐观的性格要靠父母的影响。　　　　　　　　(　)
  4. 9~12岁的时候,父母要开始教孩子交朋友。　　　(　)
  5. 观看电视或录像中的暴力内容使孩子不关心别人的感情。(　)
  6. 身体放松有两个好处:一是减轻压力,二是健康长寿。(　)
  7. 让孩子自己解决问题还太早,应该帮助他。　　　　(　)
  8. 父母在孩子失败的时候应该鼓励他别放弃。　　　　(　)
  9. 健康饮食和锻炼对身体和大脑都有好处。　　　　　(　)
  10. 孩子应该信任父母,让父母知道自己的事。　　　　(　)

第三部分　选择正确答案

1. A. 培养能力 B. 减少课程
   C. 孝敬父母 D. 家庭作业

2. A. 孩子要经常过桥 B. 孩子要学会吃苦
   C. 孩子吃饭要有苦味 D. 孩子要锻炼身体

3. A. 人才缺乏 B. 资金困难
   C. 不注重娱乐 D. 失去科普作用

4. A. 印刷原料贵 B. 印刷数量少
   C. 采用彩色印刷 D. 追求精美

5. A. 孩子的母亲超过30岁 B. 孩子的父母是农民
   C. 产前检查和出生后的孩子数量不一样 D. 一共生了3个孩子

6. A. 李占西是一个孤儿院的院长 B. 李占西是一个残疾人
   C. 李占西的妻子一直生病 D. 李占西60多岁了

7. A. 20名 B. 30名
   C. 60名 D. 5名

8. A. 思维能力 B. 行为模仿力
   C. 适应社会的能力 D. 日常生活能力

9. A. 不让孩子看电视 B. 控制看电视的时间
   C. 选择合适的节目 D. 陪孩子看电视

10. A. 收养人只能收养一名找不到亲生父母的儿童
    B. 没有子女的收养人才可以收养找不到亲生父母的儿童
    C. 有子女的收养人也可以收养能查到亲生父母的孩子
    D. 有子女的收养人可以收养几个找不到亲生父母的孩子

11. A. 年满30岁 B. 年满35岁
    C. 年满55岁 D. 没有年龄限制

12. A. 夫妻一方年满55岁无子女的,可收养
    B. 没有结婚的人年满55岁无子女的,可收养
    C. 夫妻双方都年满55岁无子女的,可收养
    D. 上述情况只能收养14岁以上的子女

13. A. 少年犯罪与家庭教育　　　　　　B. 犯罪率提高
    C. 犯罪与遗传　　　　　　　　　　D. 犯罪与心理

14. A. 家庭经济条件差　　　　　　　　B. 家长教育方法不对
    C. 父母离婚　　　　　　　　　　　D. 溺爱孩子

15. A. 顺从孩子　　　　　　　　　　　B. 把孩子交给老师
    C. 学会做家长　　　　　　　　　　D. 家长不要犯罪

21

第四课 学校教育

第一部分 新闻简讯

★ 简讯一

语 词

1. 高校　　　gāoxiào　　　　高等学校，大学。
2. 自控　　　zìkòng　　　　　自我控制。
3. 恒心　　　héngxīn　　　　长久不变的意志。

专 名

《湖北日报》　　Húběi Rìbào　　湖北省一家报纸名。

练 习

(一)听一遍，简要回答问题：
　1．新闻中提到了一种什么现象？
　2．这种现象以前有过吗？
　3．教育专家怎样看待这种现象？

(二)再听一遍，填空：
　这种做法……不仅会_____孩子过强的_____，不利于_____学生的_____能力和_____能力，也会使学生失去_____。

★ 简讯二

语 词

1. 针对　　　　zhēnduì　　　　　　对……
2. 刻不容缓　　kè bù róng huǎn　　一点时间也不能拖延。

3. 测算　　　　　cèsuàn　　　　　测量计算。
4. 就餐　　　　　jiù cān　　　　　到吃饭的地方去吃饭。
5. 公斤　　　　　gōngjīn　　　　　重量计量单位。

专　　名

武汉　　　　　　Wǔhàn　　　　　　地名。

练　　习

听两遍,简要回答问题:
1. 高校存在什么现象?
2. 报纸提出什么呼吁?
3. 武汉市大学生有多少人在食堂吃饭?
4. 他们浪费粮食的程度怎么样?

★ 简讯三

语　　词

1. 通告　　　　　tōnggào　　　　　普遍地通知。
2. 名片　　　　　míngpiàn　　　　 交际时向别人介绍自己的硬纸片。
3. 借此　　　　　jiècǐ　　　　　　凭借这件事。
4. 排座次　　　　pái zuòcì　　　　排定坐位的次序。
5. 煞住　　　　　shāzhù　　　　　 结束,停住。
6. 大哥大　　　　dàgēdà　　　　　 移动电话。
7. 寻呼机　　　　xúnhūjī　　　　　BP机。
8. 滋长　　　　　zīzhǎng　　　　　生长,产生。
9. 虚荣心　　　　xūróngxīn　　　　追求表面上光彩的心理。

专　　名

鞍山　　　　　　Ānshān　　　　　　地名。

练 习

(一)听一遍,简要回答问题:
    1. 通告的主要内容是什么?
    2. 通告中涉及到哪几个方面的人?

(二)再听一遍,判断下面句子的正误:
    1. 家长向老师递名片是为了联系方便。   (　　)
    2. 老师根据家庭背景安排学生坐在哪儿。   (　　)
    3. 不许学生穿名牌,带大哥大、寻呼机,否则会影响学习。   (　　)

★ 简讯四

语 词

1. 轮流	lúnliú	依照次序一个接替一个。
2. 附属	fùshǔ	某一机构所附设或管辖的单位。
3. 纷纷	fēnfēn	接二连三。
4. 出路	chūlù	通向外面的道路,比喻生存或向前发展的途径。
5. 达成	dáchéng	达到,得到。
6. 维持	wéichí	使某事继续存在下去。
7. 现状	xiànzhuàng	目前的状况。

专 名

武汉化工学院   Wǔhàn Huàgōng Xuéyuàn   大学名。

练 习

(一)听一遍,简要回答问题:
    1. 这个学校现在有几名学生?几名老师?
    2. 为什么造成现在这种情况?

(二)再听一遍,判断下面句子的正误:
    1. 四年级一共有11门课程。   (　　)
    2. 这所学校过去的人数曾经超过100人。   (　　)

3. 因为去学校的路不好走,所以只好教一名学生。　　　　（　　）

★ 简讯五

语　　词

1. 应届	yìngjiè	本期的(只用于毕业生)。
2. 供需	gōngxū	供给和需求。
3. 学子	xuézǐ	学生。
4. 应聘	yìngpìn	接受聘请。
5. 求职	qiúzhí	寻求工作。
6. 参与	cānyù	参加。
7. 创……纪录	chuàng……jìlù	第一次达到某一最高成绩。
8. 自主	zìzhǔ	自己做主。
9. 择业	zé yè	选择职业。
10. 供不应求	gōng bù yìng qiú	供给不能满足需求。

练　　习

听两遍,简要回答问题:
　1. 这个会的内容是什么?
　2. 有多少人参加这个会?
　3. 参加人数多不多? 这说明什么?
　4. 总体上说,今年毕业生供需情况怎么样?
　5. 主要存在什么问题?

第二部分　录音报道:大学生与校园内外的饭店

语　　词

1. 过滥	guòlàn	太过度,没有限制。
2. 副作用	fùzuòyòng	反面作用。
3. 大吃大喝	dà chī dà hē	没有节制地吃喝。
4. 日盛	rìshèng	一天比一天更加兴盛或严重。

5. 高消费	gāo xiāofèi	没有节制的消费。
6. 习气	xíqì	逐渐形成的坏习惯和坏风气。
7. 见长	jiànzhǎng	看着比原来高或大。
8. 聚集	jùjí	集合,凑在一起。
9. 小食摊	xiǎo shítān	街头吃饭的摊点。
10. 个体	gètǐ	指个体户,单个经营的农民或工商业者。
11. 装修	zhuāngxiū	房屋工程的一部分,如墙壁、门窗修饰,水电设备安装等。
12. 红火	hónghuo	旺盛、兴隆、热闹。
13. 下馆子	xià guǎnzi	到饭馆吃饭。
14. 衣裳	yīshang	衣服。
15. 研究生	yánjiūshēng	在大学或研究机构研究学习的人,如硕士研究生、博士研究生。
16. 留校	liú xiào	毕业以后留在学校工作。
17. 任教	rèn jiào	担任教学工作。
18. 辅导员	fǔdǎoyuán	负责学生日常管理工作的人员。
19. 伙食	huǒshí	饭食。多指机关、学校办的食堂提供的饭食。
20. 讲究	jiǎngjiu	讲求,重视。
21. 无意中	wúyìzhōng	不是故意的。
22. 付账	fù zhàng	付给应付的钱。
23. 纳闷	nàmèn	因为疑惑不解而发闷。
24. 做东	zuò dōng	自己付钱请别人吃饭。
25. 平衡	pínghéng	各方面的力量相互抵消,事物处于相对静止状态。
26. 工薪阶层	gōngxīn jiēcéng	主要以工资收入生活的人。
27. 一分一厘	yì fēn yì lí	每一点钱。
28. 积攒	jīzǎn	一点一点地聚集。
29. 支出	zhīchū	付出去,支付。
30. 省吃俭用	shěng chī jiǎn yòng	非常节约、节省。
31. 勒紧裤腰带	lēijǐn kùyāodài	系紧腰带,比喻非常节约。
32. 艰苦奋斗	jiānkǔ fèndòu	为达到某一目的,不怕困难,努力地干。
33. 修养	xiūyǎng	指养成的待人处事的正确态度。

34. 引导	yǐndǎo	带着人向某一目标行动。
35. 腐蚀	fǔshí	坏思想、坏行为、坏环境等使人变坏、堕落。
36. 侵扰	qīnrǎo	侵犯骚扰。

专 名

1. 包君浩	Bāo Jūnhào	人名。
2. 山东人民广播电台	Shāndōng Rénmín Guǎngbō Diàntái	山东省一家电台名。
3. 铁瑛	Tiě Yīng	人名。
4. 济南	Jǐnán	地名。
5. 祁建宏	Qí Jiànhóng	人名。
6. 姜辉英	Jiāng Huīyīng	人名。
7. 梁秀华	Liáng Xiùhuá	人名。

练 习

(一) 听记者和师生的录音,简要回答问题:
1. 校园内外的饭馆有什么特点?
2. 这些饭馆的生意怎么样?为什么?
3. 根据大学生的介绍,一个月的生活费大概要多少?
4. 大学生的花费主要在哪方面?男女生有什么不同?
5. 根据辅导员的话,学生高消费有几种类型?

(二) 听家长的录音,判断下面句子的正误:
1. 这位母亲是无意中发现儿子和同学们在饭店吃饭的。 ( )
2. 母亲站在窗外看,因为她想知道是谁付钱。 ( )
3. 母亲很奇怪,儿子的钱是从哪儿来的? ( )
4. 这个小组有12人,每天由一人请客。 ( )
5. 这个大学生的家庭并不富裕,生活比较节俭。 ( )
6. 母亲觉得自己在钱方面很小气,所以有点不好意思。 ( )
7. 对这种高消费习惯,母亲不知该怎么评价。 ( )

(三) 听记者的录音,填空:
    各位听众,校园饭店过多过滥,部分大学生高消费现象的产生,当然有大学生_____的原因,需要学校和有关教育部门_____,但我们认为,当前社会上某些_____对当代青年的腐蚀和侵扰更是一个_____的方面,如何还校园一个_____,不光是教育部门需要_____的问题,更值得共同来_____。

第三部分　选择正确答案

1. A. 影响教学秩序　　　　　　　　B. 对身体不利
   C. 经常受商家影响　　　　　　　D. 产生矛盾

2. A. 姐妹俩一起考上了博士
   B. 她们的家庭背景很普通
   C. 考博士前,她们已经是研究生了
   D. 她们考上了不同学校的博士研究生

3. A. 大学请农民做教授　　　　　　B. 农民请大学教授帮忙
   C. 这个教授职务是专职的　　　　D. 张严国的智力、心理都很出色

4. A. 赌博　　　　　　　　　　　　B. 偷东西
   C. 打人　　　　　　　　　　　　D. 考试作弊

5. A. 会考全部合格　　　　　　　　B. 会考最多一门不合格
   C. 会考最多两门不合格　　　　　D. 参加会考

6. A. 限制考生人数　　　　　　　　B. 减轻考生负担
   C. 加强高考复习　　　　　　　　D. 统一考试内容

7. A. 优越的待遇　　　　　　　　　B. 社会的宠爱
   C. 大哥哥大姐姐的照顾　　　　　D. 就业压力和生存压力

8. A. 他们从小习惯了享受优越待遇　B. 独生子女太多
   C. 想得到的太多　　　　　　　　D. 社会对他们有看法

9. A. 想像很美好　　　　　　　　　B. 很现实
   C. 很害怕　　　　　　　　　　　D. 很自信

10. A. 孩子要有好的学习习惯　　　　B. 学校教育的好处
    C. 怎样让孩子适应学校生活　　　D. 怎样让孩子认真听课

11. A. 电脑知识不丰富 B. 智商不平衡
    C. 人际关系差 D. 人机关系差

12. A. 赞成 B. 反对
    C. 看情况决定 D. 不好说

13. A. 男女中学生不要交往 B. 男女中学生可以随便交往
    C. 男女交往要有一定的限度 D. 男女交往中封建思想太重

14. A. 增强考试能力 B. 培养全面发展
    C. 让学生学得多 D. 适应高考竞争

15. A. 惊喜 B. 反对
    C. 认为作用不大 D. 没有兴趣

第五课　单元练习(一)

第一部分

1. A. 江泽民访问也门共和国　　　　B. 也门共和国总统访问中国
   C. 访问时间是7天　　　　　　　　D. 这是一次非正式访问

2. A. 乌克兰总统要对俄罗斯进行访问
   B.《两国关系基础条约》还没有签订
   C. 俄罗斯和乌克兰的关系是不平等的
   D. 俄罗斯和乌克兰的关系发展不顺畅

3. A. 俄罗斯　　　　　　　　　　　B. 乌克兰
   C. 两国都有　　　　　　　　　　D. 两国都没有

4. A. 中巴关系　　　　　　　　　　B. 共同关心的地区和国际问题
   C. 以上两个　　　　　　　　　　D. 经济合作

5. A. 欢迎仪式　　　　　　　　　　B. 正式会谈
   C. 签订协议　　　　　　　　　　D. 宴会

6. A. 这个村子来了很多大学生
   B. 这个村子很穷,需要大学生
   C. 这个村子培养出很多大学生
   D. 这个村子卖了全部牛羊培养大学生

7. A. 他是一个小学的正式老师　　　B. 他教一年级的课程
   C. 他打了一两个学生　　　　　　D. 他已经被辞退了

8. A. 学生不听话　　　　　　　　　B. 学生成绩太差
   C. 学生发脾气　　　　　　　　　D. 学生打他

9. A. 人数 B. 改革奖学金制度
   C. 学费 D. 录取条件

10. A. 不卫生 B. 质量差
    C. 服务态度差 D. 价格高

11. A. 关停 B. 减少
    C. 打扫干净 D. 改变

12. A. 学校乱收费 B. 学生作业太多
    C. 考大学的需要 D. 青少年犯罪

13. A. 小学 B. 初中
    C. 高中 D. 大学

14. A. 开家长会 B. 应付检查
    C. 家长当老师 D. 学习做合格家长

15. A. 少女 B. 青年女性
    C. 中年女性 D. 老年女性

16. A. 第二次世界大战
    B. 德国人愿意生男孩
    C. 妇女的寿命越来越接近男性
    D. 妇女与男人竞争

17. A. 两男两女 B. 四个男孩
    C. 四个女孩 D. 三女一男

18. A. 1家 B. 2家
    C. 100多家 D. 43家

19. A. 城市学生 B. 中学的尖子学生
    C. 中学的落后学生 D. 贫困学生

20. A. 现实和理想的差距 B. 学习成绩的差距
    C. 贫富差距 D. 学校的差距

第二部分

(一)简要回答问题：
1. 杜丽丽老师怎么了？她为了什么？
2. 这是一起什么样的交通事故？
3. 杜丽丽是教什么课的？
4. 杜丽丽的行为表现了什么？
5. 杜丽丽鼓励表妹报考什么学校？为什么？
6. 杜丽丽上过正式大学吗？

(二)判断下面句子的正误：
1. 一辆公共汽车撞过来，把杜丽丽撞倒了。　　　　　　　（　）
2. 杜丽丽老师唱得最好的歌是《我们和祖国妈妈在一起》。（　）
3. 杜丽丽考上了大学，但因学费太贵没有去上。　　　　　（　）
4. 杜丽丽参加了高等教育自学考试。　　　　　　　　　　（　）
5. 杜丽丽终于拿到了大专文凭。　　　　　　　　　　　　（　）

第六课　希望工程

第一部分　新闻简讯

★ 简讯一

语　　词

1. 希望工程	Xīwàng Gōngchéng	救助失学儿童,发展教育的一项社会公益活动。
2. 挽救	wǎnjiù	从危险中救出来。
3. 动情	dòngqíng	情绪激动。
4. 呼唤	hūhuàn	召唤,呼喊。
5. 累计	lěijì	加起来计算。
6. 筹集	chóují	筹措聚集。
7. 救助	jiùzhù	拯救援助。
8. 欠发达	qiàn fādá	不够发达。

练　　习

填空

"＿＿＿＿一个失学儿童,就是＿＿＿＿＿＿,＿＿＿＿一个在校生,就是留住＿＿＿＿＿＿",这是用＿＿＿＿托起的希望工程向世人发出的动情＿＿＿＿＿。据统计,过去的五年里,我省希望工程共累计筹集资金＿＿＿＿＿元,救助＿＿＿＿名失学儿童,援建希望小学＿＿＿＿所,捐建希望书库＿＿＿＿套,大力发展了＿＿＿＿＿地区的＿＿＿＿教育,也推动了＿＿＿＿＿＿建设。希望工程是颗颗爱心托起的。

★ 简讯二

语　　词

1. 自治区	zìzhìqū	相当于省一级的民族自治地区,如内蒙古自治区。

2. 互助	hùzhù	互相帮助。
3. 书信	shūxìn	信。
4. 内地	nèidì	离边疆比较远的地区。
5. 捐献	juānxiàn	拿出自己的财物送给国家或集体。
6. 压岁钱	yāsuìqián	过春节时长辈作为礼物送给孩子的钱。
7. 零花钱	línghuāqián	平日里除了吃、穿等必须花的钱之外,随便买小东西的钱。

专　　名

| 西藏 | Xīzàng | 自治区名。 |

练　　习

听两遍,简要回答问题:
　　1. 这是什么地区孩子之间的活动?
　　2. 活动的名称叫什么?
　　3. 活动中有些什么具体形式?
　　4. 活动的成果是什么?

★ 简讯三

语　　词

1. 日前	rìqián	几天前。
2. 春蕾	chūnlěi	春天还没有开放的花,花骨朵。
3. 重返	chóngfǎn	重新返回。
4. 实施	shíshī	实行。

专　　名

| 中国少年儿童基金会 | Zhōngguó Shàonián Értóng Jījīnhuì | 一社会公益组织。 |

练　习

(一)听一遍,简要回答问题:
　　1.音乐会的目的是什么?
　　2."春蕾计划"是什么意思?

(二)再听一遍,判断下面句子的正误:
　　1.参加音乐会的是一些外国音乐家。　　　　　　　　　(　　)
　　2."春蕾计划"是由中国少年儿童基金会等四单位设立的。(　　)
　　3."春蕾计划"已经接到30万元捐款。　　　　　　　　(　　)

★　**简讯四**

语　词

1.离休	líxiū	符合一定条件的老年干部退休。
2.创办	chuàngbàn	最初举办。
3.优异	yōuyì	特别好。
4.家境	jiājìng	家庭的经济状况。
5.贫寒	pínhán	家里很穷。
6.助学金	zhùxuéjīn	学校提供的,帮助学生上学的钱。
7.资助	zīzhù	用钱帮助别人。

专　名

1.安徽	Ānhuī	地名。
2.岳西	Yuèxī	地名。
3.楚方庆	Chǔ Fāngqìng	人名。

练　习

听两遍,判断下面句子的正误:
　　1.这个基金会是由一个离休教师创办的。　　　　　　　(　　)
　　2.只要是有经济困难的大学生,都可得到这个助学金。　(　　)
　　3.基金会至今已经帮助了41名大学生。　　　　　　　(　　)

第二部分　录音报道：充满爱心与希望的音乐朗诵会

语　词

1. 关爱	guān'ài	关心爱护。
2. 义演	yìyǎn	为某项社会公益筹款而举行的演出。
3. 共鸣	gòngmíng	由别人的某种情绪引起的相同的情绪。
4. 诗神	shīshén	非常卓越的诗人。
5. 亮相	liàng xiàng	公开露面或表演。
6. 倡导	chàngdǎo	带头提倡。
7. 发起	fāqǐ	倡议(做某件事)。
8. 黄昏	huánghūn	日落以后天黑以前的时候。
9. 甜美	tiánměi	舒服，美好，多指声音。
10. 声势浩大	shēngshì hàodà	声威或气势非常大。
11. 告一段落	gào yī duànluò	完成某项工作的一部分。
12. 回馈	huíkuì	向送给自己东西的人回送东西。
13. 莫过于	mò guò yú	没有比这个更……
14. 慈善	císhàn	对人关怀，富有同情心。
15. 募捐	mùjuān	募集捐款或物品。
16. 劝募	quànmù	用劝说的方式募捐。
17. 阵容	zhènróng	队伍、群体所表现的情势。
18. 配音	pèi yīn	用某种语言替代电视、电影中原来的录音。
19. 译制	yìzhì	翻译制作(电影片、电视片等)。
20. 黄金搭档	huángjīn dādàng	最好的合作伙伴。
21. 保留节目	bǎoliú jiémù	演出获得成功，并保留下来经常演出的节目。
22. 动机	dòngjī	目的。
23. 微薄	wēibó	微小，单薄，数量少。
24. 奉献	fèngxiàn	无私交出自己的……
25. 理所当然	lǐ suǒ dāngrán	从道理上说应当这样。
26. 义不容辞	yì bù róng cí	道义上不允许拒绝。

27.	无瑕	wú xiá	没有污点或缺点。
28.	瞳孔	tóngkǒng	眼睛中心的部分。
29.	蒙昧	méngmèi	没有文化,愚昧。
30.	愚钝	yúdùn	不聪明。

专　名

1.	孙晓东	Sūn Xiǎodōng	人名。
2.	中国青少年发展基金会	Zhōngguó Qīngshàonián Fāzhǎn Jījīnhuì	一社会公益组织名。
3.	山西	Shānxī	地名。
4.	靖乐	Jìnglè	地名。
5.	中国交响乐团附属少年及女子合唱团	Zhōngguó Jiāoxiǎngyuètuán Fùshǔ Shàonián jí Nǚzǐ Héchàngtuán	音乐团体名。
6.	钱程	Qián Chéng	人名。
7.	李岚清	Lǐ Lánqīng	人名。
8.	吴仪	Wú Yí	人名。
9.	安景林	Ān Jǐnglín	人名。
10.	孙道临	Sūn Dàolín	人名。
11.	徐松子	Xú Sōngzǐ	人名。
12.	濮存昕	Pú Cúnxīn	人名。
13.	乔臻	Qiáo Zhēn	人名。
14.	丁建华	Dīng Jiànhuá	人名。
15.	姚锡娟	Yáo Xījuān	人名。
16.	肖玉	Xiāo Yù	人名。
17.	魏东	Wèi Dōng	人名。

练　习

(一)听一遍,简要回答问题：
　　1. 这个音乐会的名字叫什么?
　　2. 义演的目的是什么?
　　3. 义演是从哪一年开始的? 谁发起的?
　　4. 义演收入解决了什么问题?
　　5. 北京音乐厅为什么要举办这一活动?

6. 乔臻为什么参加演出？

(二)再听一遍,判断下面句子的正误：
1. 这种音乐朗诵会是第一次在这儿举办。　　　　　　　　　　　(　)
2. 中国已经有3所"爱乐希望小学"。　　　　　　　　　　　　　(　)
3. 歌唱团的孩子们每月31号的黄昏都来音乐厅唱歌。　　　　(　)
4. 希望工程到20世纪末将暂时结束。　　　　　　　　　　　　(　)
5. 为"爱乐希望小学"的义演已经举办了10年。　　　　　　　　(　)
6. 领导人买票参加了音乐会。　　　　　　　　　　　　　　　　(　)
7.《孤独与奋斗》是两位演员经常在音乐会上演出的节目。　　(　)

第三部分　选择正确答案

1. A. 86名　　　　　　　　　　　　　B. 200名
   C. 200万名　　　　　　　　　　　　D. 1400名

2. A. 优秀学生奖学金　　　　　　　　B. 国家专项奖学金
   C. 单位和个人奖学金　　　　　　　D. 银行奖学金

3. A. 贷款是银行提供的　　　　　　　B. 贷款提供给本科学生
   C. 优秀学生可以获得贷款　　　　　D. 贷款是没有利息的

4. A. 她的家乡　　　　　　　　　　　B. 她的投资数额
   C. 创办学校的名字　　　　　　　　D. 她的总资产

5. A. 21所　　　　　　　　　　　　　B. 90%的小学
   C. 7所　　　　　　　　　　　　　　D. 20多所

6. A. 建筑质量差　　　　　　　　　　B. 建筑材料差
   C. 风雨太多　　　　　　　　　　　D. 人为破坏

7. A. 小学　　　　　　　　　　　　　B. 中学
   C. 大学　　　　　　　　　　　　　D. 以上都有

8. A. 学校太少　　　　　　　　　　　B. 学校乱收费
   C. 学费增加　　　　　　　　　　　D. 考试太多

9. A. 因特网是最好的老师
   B. 服务业将得到大的发展
   C. 发展中国家教育体系很好
   D. 教育水平决定了竞争的成败

10. A. 服务业　　　　　　　　　B. 基础教育发达的国家
    C. 发展中国家　　　　　　　D. 中国和印度

11. A. 只有贫困大学生可以贷款
    B. 贷款是没有利息的
    C. 学生毕业后的第一年必须还清全部贷款
    D. 贷款是专门为大学生设立的

12. A. 设立专项贷款　　　　　　B. 学校减免学费
    C. 企业助学　　　　　　　　D. 社会上的好心人援助

13. A. 10万　　　　　　　　　　B. 25万
    C. 27万　　　　　　　　　　D. 30万

14. A. 金融危机　　　　　　　　B. 毕业后难以找到工作
    C. 学费太高　　　　　　　　D. 失业率上升

15. A. 校服费　　　　　　　　　B. 书费
    C. 本子费　　　　　　　　　D. 学费

第七课 老人的晚年

第一部分 新闻简讯

★ 简讯一

语　　词

1. 载文　　　　zǎi wén　　　　　刊登文章。
2. 佣人　　　　yòngrén　　　　　被雇到家庭中做杂事的人。
3. 仆人　　　　púrén　　　　　　被雇到家庭中做杂事的人。

练　　习

听两遍，简要回答问题：
1. 家庭的"啃老"现象是什么意思？
2. 有些年轻人结婚后怎样对待老人？
3. 有了孩子后，又怎样对待老人？
4. 文章认为，家庭之爱应该是什么样子的？

★ 简讯二

语　　词

1. 交叉口　　　jiāochākǒu　　　方向不同的路互相穿过的地方。
2. 解忧　　　　jiě yōu　　　　　解除忧愁。
3. 亭　　　　　tíng　　　　　　在路旁或花园里，面积较小的建筑物。
4. 值班　　　　zhí bān　　　　　（轮流）在规定的时间里担任工作。
5. 咨询　　　　zīxún　　　　　　征求意见或提出问题。
6. 医疗　　　　yīliáo　　　　　　疾病的治疗。
7. 代步工具　　dàibù gōngjù　　代替步行的工具。
8. 焊工　　　　hàngōng　　　　　一种工种。
9. 泥瓦匠　　　níwǎjiàng　　　　建筑工人的一种。

10. 应有尽有	yīngyǒu jìnyǒu	应该有的全都有了,表示一切齐备。
11. 有求必应	yǒu qiú bì yìng	只要有人请求就一定答应。

专　　名

1.《新华日报》	Xīnhuá Rìbào	— 报纸名。
2. 云南路	Yúnnán Lù	道路名。
3. 戴爱华	Dài Àihuá	人名。

练　　习

(一) 听一遍,简要回答问题:
　1. 解忧亭是什么人办的?
　2. 他们的服务包括什么内容?

(二) 再听一遍,判断下面句子的正误:
　1. 解忧亭在周围很有名。　　　　　　　　　　　(　　)
　2. 解忧亭的服务是免费的。　　　　　　　　　　(　　)
　3. 解忧亭是老人们自己花钱办起来的。　　　　　(　　)
　4. 这些老人都是专家、教授。　　　　　　　　　(　　)

★ **简讯三**

语　　词

1. 义务	yìwù	不要报酬的。
2. 扒手	páshǒu	小偷。
3. 抓获	zhuāhuò	抓住。
4. 搏斗	bódòu	激烈地互相厮打。
5. 负伤	fùshāng	受伤。
6. 转悠	zhuànyou	无目的地闲逛。
7. 可疑	kěyí	值得怀疑。
8. 盯住	dīngzhù	集中注意某一点。
9. 反扒	fǎnpá	抓小偷。

专　　名

1. 《南方日报》　　Nánfāng Rìbào　　一报纸名。
2. 湛江　　　　　　Zhànjiāng　　　　城市名。
3. 陈永祥　　　　　Chén Yǒngxiáng　　人名。

练　　习

(一)听一遍,简要回答问题:
1. 这个老人很多年来坚持做什么?
2. 老人在什么地方活动?
3. 老人这些年的成绩怎么样?

(二)再听一遍,判断下面句子的正误:
1. 老人以前是干公安工作的。　　　　　　　　　　　(　　)
2. 老人抓小偷受过很多次伤。　　　　　　　　　　　(　　)
3. 老人抓小偷很有经验。　　　　　　　　　　　　　(　　)
4. 个体户虽然不抓小偷,但很感激老人。　　　　　　(　　)

★ 简讯四

语　　词

1. 久病床前无孝子　　jiǔ bìng chuáng qián wú xiàozǐ　　生病时间长了,子女不再愿意照顾父母。
2. 服侍　　　　　　　fúshi　　　　　　照顾主人、老人、病人。
3. 授予　　　　　　　shòuyǔ　　　　　把(奖状、荣誉、学位等)给某人或某单位。
4. 十佳　　　　　　　shíjiā　　　　　　十个最好的。
5. 不慎　　　　　　　búshèn　　　　　不小心。
6. 病榻　　　　　　　bìngtà　　　　　　病床。
7. 祸不单行　　　　　huò bù dān xíng　表示不幸的事接连发生。
8. 患(病)　　　　　　huàn(bìng)　　　得(病)。
9. 毅然　　　　　　　yìrán　　　　　　坚决地、毫不犹豫地。
10. 侍奉　　　　　　　shìfèng　　　　　服侍长辈。
11. 倾注　　　　　　　qīngzhù　　　　　把(感情、力量、精力等)集中到一个目标上。

| 12. 团团转 | tuántuánzhuàn | 形容忙碌、焦急的样子。 |
| 13. 孝敬 | xiàojìng | 尽心照顾和尊敬自己的长辈。 |

专　名

1. 滨州	Bīnzhōu	地名。
2. 高建华	Gāo Jiànhuá	人名。
3. 高血压	Gāoxuèyā	一种病症。
4. 偏瘫	Piāntān	一种病症。
5. 团总支书记	Tuánzǒngzhī Shūjì	中国共产主义青年团的基层书记。

练　习

(一)听一遍,简要回答问题:
   1. 高建华因为什么受到表扬?
   2. "祸不单行"在这里具体指什么?
   3. 高建华在工作上表现得怎么样?

(二)再听一遍,判断下面句子的正误:
   1. 高建华是家里的老小。　　　　　　　　　　　　　　　(　)
   2. 爷爷因为在雨中滑倒,患上了偏瘫。　　　　　　　　　(　)
   3. 爷爷去世3个月后,父亲也病了。　　　　　　　　　　(　)
   4. 哥哥姐姐不愿孝敬老人,只剩下高建华一人照顾老人。　(　)
   5. 高建华带父亲治病时,有时把父亲背在身上。　　　　　(　)

第二部分　录音报道:一位老人的藏报展览

语　词

1. 生平	shēngpíng	一个人生活的整个过程。
2. 络绎不绝	luòyì bùjué	(人、马、车等)连续不断地来。
3. 收藏	shōucáng	收集保藏。
4. 创刊号	chuàngkānhào	报刊开始发行的第一期。
5. 占据	zhànjù	取得或保持(地域、场所等)。
6. 摞	luò	量词。用于重叠放置的东西。

7. 满满当当　　　mǎnmǎn-dāngdāng　　很满。
8. 社会效益　　　shèhuì xiàoyì　　　取得的社会效果和利益。
9. 萌发　　　　　méngfā　　　　　　比喻事物发生(想法、念头、希望、欲望等)。
10. 博览　　　　 bólǎn　　　　　　 大型展览。广泛阅览。
11. 地方(部队)　　dìfāng(bùduì)　　与"部队"相对，军队以外的政府机构。
12. 感慨　　　　 gǎnkǎi　　　　　　因为思想情绪受到外界影响而叹息。
13. 详实　　　　 xiángshí　　　　　详细而确实。
14. 开拓　　　　 kāituò　　　　　　扩展。
15. 眼界　　　　 yǎnjiè　　　　　　所见事物的范围，借指见识的广度。

专　　名

1. "三八"国际妇女节　　Sān Bā Guójì Fùnǚjié　　一节日名。
2. 市中区　　　Shìzhōngqū　　行政区划名。
3. 二七新村　　Èrqī Xīncūn　　居民区名。
4. 吴天国　　　Wú Tiānguó　　人名。
5. 抗战　　　　Kàngzhàn　　　抗日战争。
6. 法西斯　　　Fǎxīsī　　　　（拉丁 fasces）
7. 居委会　　　Jūwěihuì　　　居民委员会。

练　　习

(一)听一遍，简要回答问题：
　　1. 这个老人举办了一个什么展览？
　　2. 吴天国老人收集书报有多长时间了？
　　3. 吴天国老人为什么要办展览？
　　4. 展览的效果怎么样？
　　5. 吴天国老人的展览得到了什么人的支持？

(二)再听一遍，请把你听到的有关展览的题目写下来：
　　庆祝三八国际妇女节、_____
_____。

第三部分 选择正确答案

1. A. 老人当干部可以处理家庭关系
   B. 提升干部应该经过老人同意
   C. 孝敬老人是提升干部的必要条件
   D. 干部要处理各个家庭之间的关系

2. A. 中科院院士　　　　　　　　　　B. 中国工程院院士
   C. 以上两院的院士　　　　　　　　D. 以上两院的资深院士

3. A. 80岁以上的两院院士可以得到津贴
   B. 发放津贴的目的是尊重人才、维护他们的健康
   C. 每个资深院士每年可以得到1万元
   D. 津贴是从基金里支付的

4. A. 于梅芳19岁时结婚　　　　　　　B. 她照顾丈夫46年
   C. 她要照顾丈夫、孩子、婆婆三人　D. 丈夫是在当兵时受伤的

5. A. 19岁时　　　　　　　　　　　　B. 结婚8个月
   C. 丈夫受伤以后　　　　　　　　　D. 结婚1个月后

6. A. 解除孤独　　　　　　　　　　　B. 赚取生活费
   C. 为了子女　　　　　　　　　　　D. 发家致富

7. A. 为了赚钱　　　　　　　　　　　B. 拥有悠闲心态
   C. 为了扩充资金　　　　　　　　　D. 头脑发热

8. A. 旅游时间　　　　　　　　　　　B. 旅游地点
   C. 旅游费用　　　　　　　　　　　D. 旅游目的

9. A. 考虑到费用太贵　　　　　　　　B. 考虑到家里担心
   C. 考虑到没有兴趣　　　　　　　　D. 考虑到体力有限

10. A. 财产　　　　　　　　　　　　　B. 生命
    C. 老伴　　　　　　　　　　　　　D. 时间

11. A. 为了互相照顾　　　　　　　　　B. 为了子女、财产
　　 C. 应尽快登记　　　　　　　　　　D. 应以感情为基础

12. A. 退休的知识分子和技术人员经验的浪费
　　 B. 退休人员的身体不好
　　 C. 医生和老师老了
　　 D. 退休后工资少了

13. A. 身体健康,看上去年轻了　　　　B. 重新找到了爱情
　　 C. 重新为社会发挥作用　　　　　D. 获得了轻松的生活

14. A. 是中国的"老人节"　　　　　　B. 人们习惯吃姜
　　 C. 是"重阳节"　　　　　　　　　D. 人们都去爬山

15. A. 一直做得很好　　　　　　　　　B. 文化大革命时被破坏了
　　 C. 恢复起来很快　　　　　　　　 D."老人节"可以解决问题

第八课　走近残疾人

第一部分　新闻简讯

★ 简讯一

语　词

1. 伤残人　　　　shāngcánrén　　　因受伤致残或天生残疾的人。
2. 开幕式　　　　kāimùshì　　　　（会议、展览会等）开始的仪式。
3. 为期　　　　　wéiqī　　　　　　某活动进行的时间。
4. 越野　　　　　yuèyě　　　　　　在野地、山地里行进。
5. 选手　　　　　xuǎnshǒu　　　　被选参加比赛的人。
6. 空前　　　　　kōngqián　　　　以前所没有。

专　名

1. 冬奥会　　　　　　　Dōng'àohuì　　　　　　冬季奥林匹克运动会。
2. 长野县　　　　　　　Chángyě Xiàn　　　　　日本国的一地名。
3. 德仁殿下　　　　　　Dérén Diànxià　　　　　日本皇太子。
4. 罗伯特·斯特托华德　Luóbótè·Sītètuōhuádé　人名。

练　习

（一）听一遍，简要回答问题：
　　1. 这是一个什么运动会？在哪儿举行？
　　2. 比赛包括哪些项目？

（二）再听一遍，判断下面句子的正误：
　　1. 这一届冬奥会已经结束。　　　　　　　　　　　　　　　　　　（　　）
　　2. 伤残人冬奥会从1976年开始，四年举行一次。　　　　　　　　（　　）
　　3. 日本皇太子夫妇和国际伤残人运动联合会主席参加了开幕式。（　　）
　　4. 这次运动会有32个国家和地区的运动员参加，是最多的一次。（　　）

★ 简讯二

语　　词

1. 下岗　　　　xià gǎng　　　　离开工作岗位。
2. 技能　　　　jìnéng　　　　　掌握和运用专门技术的能力。
3. 自谋(职业)　zìmóu(zhíyè)　　自己想办法寻找(职业、出路)。
4. 五金　　　　wǔjīn　　　　　指金、银、铜、铁、锡。泛指金属或金属制品。
5. 福利　　　　fúlì　　　　　　生活上的利益,特指对职工生活(食、宿、医疗等)的照顾。(福利工厂:为安排残疾人就业而创办的工厂)
6. 困境　　　　kùnjìng　　　　困难的处境。
7. 裁剪　　　　cáijiǎn　　　　做衣服时把衣料按尺寸画出并剪开。
8. 颁发　　　　bānfā　　　　　发给(奖章、证书等)。
9. 结业　　　　jiéyè　　　　　结束学业(多指短期训练的)。

专　　名

1. 周丽红　　　Zhōu Lìhóng　　人名。
2. 吉化集团　　Jíhuà Jítuán　　企业集团名。
3. 松花江　　　Sōnghuājiāng　 东北的江名。
4. 麻痹症　　　Mábìzhèng　　　一种病症。

练　　习

(一)听一遍,简要回答问题:
 1. 周丽红为什么下岗了?
 2. 周丽红下岗以后选择了一个什么新职业?
 3. 周丽红的店办得怎么样?
 4. 在这段新闻中,"失岗不失志"是什么意思?

(二)再听两遍,判断下面句子的正误:
 1. 周丽红是一个身有残疾的女工人。　　　　　　　　　(　)
 2. 周丽红下岗以前工作努力,曾被授予"劳动模范"称号。(　)

3. 周丽红因为以前懂得裁剪技术,所以选择了这个行业。　　(　　)
4. 周丽红到四川开了一家服装店。　　　　　　　　　　　(　　)

★ 简讯三

语　　词

1. 盲人　　　　　　mángrén　　　　　　失去视力,眼睛完全看不见的人。
2. 自幼　　　　　　zìyòu　　　　　　　从小时候起。
3. 债务　　　　　　zhàiwù　　　　　　指所欠别人的钱。
4. 一流　　　　　　yīliú　　　　　　　水平第一等的。

专　　名

《文汇报》　　　　Wénhuì Bào　　　　一报刊名。

练　　习

听两遍,简要回答问题:
1. 上海新成立了一家什么团体?
2. 有几位成员?都是什么人?
3. 这些人的家庭经济条件怎么样?
4. 他们工作室的条件怎么样?

★ 简讯四

语　　词

1. 肢残　　　　　　zhīcán　　　　　　　四肢某部分有残疾。
2. 圆梦　　　　　　yuán mèng　　　　　实现梦想。
3. 落下　　　　　　làoxià　　　　　　　因为某种原因产生了后果。
4. 望学兴叹　　　　wàng xué xīng tàn　因无能力上学,感到无可奈何。

专　　名

1. 襄樊　　　　　　　　　Xiāngfán　　　　城市名。
2. 于家湖乡水洼村　　　　Yújiāhúxiāng　　村名。
　　　　　　　　　　　　Shuǐwācūn

3. 王玲　　　　　Wáng Líng　　　　人名。
4. 谢万国　　　　Xiè Wànguó　　　人名。

练　习

听两遍,简要回答问题:
1. 王玲的身体有什么问题?
2. 王玲有一个什么"梦"?
3. 王玲为什么"望学兴叹"?
4. 什么人要帮助王玲?

第二部分　通讯:一个人大代表的助残情结

语　词

1. 产值　　　　chǎnzhí　　　　在一个时期产品以货币计算的价值量。
2. 利税　　　　lìshuì　　　　　利润和税金。
3. 印染　　　　yìnrǎn　　　　纺织品的印花和染色。
4. 执着　　　　zhízhuó　　　　指对某一事物坚持不懈。
5. 履历　　　　lǚlì　　　　　　个人的经历。
6. 质朴　　　　zhìpǔ　　　　　朴实。
7. 后顾之忧　　hòu gù zhī yōu　指来自后方的或家里的担忧。
8. 交纳　　　　jiāonà　　　　　向政府或公共团体交付规定数额的金钱或实物。
9. 保险金　　　bǎoxiǎnjīn　　　向保险机构按期交纳一定的费用,以得到意外损失赔偿。
10. 俱乐部　　　jùlèbù　　　　　进行社会、文化、艺术、娱乐等活动的团体和场所。
11. 敬老院　　　jìnglǎoyuàn　　由公家或集体办的收养孤独老人的机构。
12. 力所能及　　lì suǒ néng jí　自己的能力所能办到的。
13. 小康　　　　xiǎokāng　　　　指可以维持中等水平生活的家庭经济状况。

14. 红娘	hóngniáng	介绍男女双方作恋爱对象的中间人。媒人。
15. 聋哑	lóngyǎ	耳朵听不见、不会说话。

专　　名

1. 福建	Fújiàn	一省份名。
2. 莆田华伦福利印染有限公司	Pútián Huálún Fúlì Yìnrǎn Yǒuxiàn Gōngsī	一公司名。
3. 许金和	Xǔ Jīnhé	人名。
4. 许金年	Xǔ Jīnnián	人名。
5. 徐玉贞	Xú Yùzhēn	人名。

练　　习

(一) 听一遍,简要回答问题:
1. 许金和是一个什么样的人?
2. 许金和为什么要办企业?
3. 他的企业专门招收什么人当工人?
4. 10年来,许金和捐资多少?用在什么地方?

(二) 再听一遍,判断下面句子的正误:
1. 许金和在当地很有名,因为他是成功的企业家。　　(　　)
2. 许金和的企业里,80%以上都是残疾人。　　　　　(　　)
3. 10年前,许金和用自己仅有的5万元办起了工厂。 (　　)
4. 许金年一家有四个残疾人,都进了许金和的工厂工作。(　　)
5. 许金和曾经介绍8对残疾人恋爱并组成了家庭。　　(　　)

第三部分　选择正确答案

1. A. 山西大学制定了《残疾人保障法》
   B. 这个大学录取了23名残疾考生中的6名
   C. 学校不注意照顾残疾考生
   D. 山西大学给残疾学生创造良好环境

2. A. 这辆采血车是固定不动的
   B. 这辆采血车出现在青岛繁华的街上
   C. 采血车已经出现了9个月
   D. 有八万人献了血

3. A. 采血车每个星期六都出现
   B. 采血车是山东省第一辆
   C. 在车上献血可以得到报偿
   D. 采血车今年5月才第一次出现

4. A. 这是全国第一家眼库　　　　　　B. 捐献眼角膜要用2天时间
   C. 捐献者有老有少　　　　　　　　D. 有1320人捐献了眼角膜

5. A. 白求恩是一个大夫　　　　　　　B. 白求恩今年60岁了
   C. 纪念银币由中国发行　　　　　　D. 银币只在上海可以买

6. A. 在被调查者中,有将近三分之一的人戴眼镜
   B. 调查是城乡范围内进行的
   C. 用眼和保护眼睛的问题让人担心
   D. 戴眼镜的人越来越年轻

7. A. 香港怎样克服经济困难　　　　　B. 香港为保护残疾人立了法
   C. 香港市民应该再对外开放些　　　D. 香港的教育计划

8. A. 政府在经济困难的情况下坚持为残疾人拨款
   B. 拨款有60%用于政府机构
   C. 拨款数额是123.5亿港元
   D. 拨款用于帮助残疾人

9. A. 调味功用　　　　　　　　　　　B. 促进健康
   C. 消除疾病　　　　　　　　　　　D. 美容

10. A. 中国　　　　　　　　　　　　　B. 美国
    C. 日本　　　　　　　　　　　　　D. 英国

11. A. 健康　　　　　　　　　　　　　B. 良好以上
    C. 中下水平　　　　　　　　　　　D. 低下

12. A. 寿命 B. 体质
    C. 工作紧张、锻炼少 D. 过分运动

13. A. 游泳 B. 散步
    C. 长跑 D. 健步走

14. A. 兴趣不大 B. 场地问题
    C. 工作累 D. 没有工具

15. A. 时间太少 B. 器材质量差
    C. 不科学 D. 没有指导

第九课　我们身边的雷锋

第一部分　新闻简讯与短评

★ 简讯一

语　词

1. 题词	tící	为表示纪念或鼓励而写下的话。
2. 之际	zhī jì	……的时候。
3. 志愿者	zhìyuànzhě	自愿做某事的人。

专　名

1. 杨鸣品	Yáng Míngpǐn	人名。
2. 海南	Hǎinán	一省份名。

练　习

听两遍,简要回答问题:
1. 毛泽东的题词是什么时候写的?内容是什么?
2. 什么人开展了一项活动?活动的名称是什么?
3. 活动包括什么内容?

★ 简讯二

语　词

1. 随手	suíshǒu	很轻易的一伸手。
2. 茶具	chájù	喝茶的用具。
3. 撕下	sīxià	用手使薄片状的东西离开附着处。
4. 区区小事	qūqū xiǎoshì	很小、不重要的事情。

5. 公德	gōngdé	公共道德。	
6. 一点一滴	yī diǎn yī dī	形容微小的事。	

练 习

听两遍,简要回答问题:
  1. 文章的主要意思是什么?
  2. 请说出文章中提到的文明和不文明的小事。
  3. 这些小事体现了什么?

★ 简讯三

语 词

1. 大潮	dàcháo	很大的潮水,比喻声势大的社会潮流。
2. 小利	xiǎolì	很小的利益。
3. 大义	dàyì	正义,公益,大道理。
4. 泯灭	mǐnmiè	(形迹、印象等)消失。
5. 手提箱	shǒutíxiāng	用手提的箱子。
6. 失主	shīzhǔ	丢失或被偷财物的人。
7. 原封不动	yuán fēng bú dòng	保持原来的样子,一点不变动的。
8. 颂扬	sòngyáng	歌颂赞扬。
9. 拾金不昧	shí jīn bú mèi	拾到金钱不自己占有。
10. 失而复得	shī ér fù dé	失去后又重新得到了。
11. 素不相识	sù bù xiāngshí	从来不认识。

练 习

(一)听一遍,简要回答问题:
  1. 这段话的主要意思是批评还是赞扬?
  2. 这是几家报纸报道的几件事?

(二)再听一遍,判断下面句子的正误:
  1. 文章认为,现在人与人之间的关系冷漠了。 ( )
  2. 一个富有的个体户捡到了一只装有3万元钱的提包。 ( )
  3. 一个打工妹拾到了一笔钱,最后找到了失主。 ( )

★ 简讯四

语　词

1. 传呼　　　　　chuánhū　　　　　通过 BP 机传递信息。
2. 回话　　　　　huí huà　　　　　回答别人的问讯。
3. 导游　　　　　dǎoyóu　　　　　带领指导游览。
4. 抹去　　　　　mǒqù　　　　　　除去，擦去。
5. 零头　　　　　língtóu　　　　　钱的整数后面的零钱。
6. 现役(军人)　　xiànyì(jūnrén)　　正在服兵役的(军人)。
7. 起步价　　　　qǐbùjià　　　　　出租车收费的最低价。
8. 首创　　　　　shǒuchuàng　　　最先创造。
9. 轻生　　　　　qīngshēng　　　　不爱惜自己的生命(多指自杀)。
10. 遗失　　　　 yíshī　　　　　　因为粗心而丢了。

专　名

1. 哈尔滨　　　　Hā'ěrbīn　　　　地名。
2. 戚魁军　　　　Qī Kuíjūn　　　　人名。

练　习

(一)听一遍，简要回答问题：
　　1. 戚魁军是干什么的？他获得了什么称号？
　　2. 戚魁军收费时有什么特点？

(二)再听一遍，判断下面句子的正误：
　　1. 戚魁军保证做到接到乘客订车传呼 10 分钟以内赶到订车地点。　　(　　)
　　2. 乘客需要旅游、看病、购物时，戚魁军积极为他们做向导。　　　　(　　)
　　3. "青年文明服务卡"是出租公司设计发放的。　　　　　　　　　　　(　　)
　　4. 戚魁军曾经把想自杀的人送回家里。　　　　　　　　　　　　　　(　　)

★ 短评

语　词

1. 鼓舞　　　　　gǔwǔ　　　　　　使人精神振奋，增强信心与勇气。

2. 滚滚	gǔngǔn	急速而接连不断地变动。
3. 过时	guò shí	过去流行现在已经不流行。
4. 一助一	yī zhù yī	一个帮助一个。
5. 结对	jiéduì	两人组成一对。
6. 切合	qièhé	十分符合。
7. 生锈	shēng xiù	铜、铁等金属表面因潮湿发生氧化。
8. 螺丝钉	luósīdīng	一种钉子,这里比喻平凡而重要的社会角色。
9. 有益于	yǒuyìyú	对……有好处。

练 习

(一)听一遍,简要回答问题:
1. 记者带着什么问题进行了采访?
2. 青年志愿者在山东省有多少人?
3. 记者通过事实得出了怎样的结论?
4. 记者不同意把什么活动当成学雷锋的全部含义?

(二)再听一遍,填空:

我们每个人、每个部门单位都要_____,寻找出_____的学雷锋方式,对待工作要像_____,对待顾客要像_____,对待自己的_____要像永不生锈的螺丝钉,只要是多做_____的事情,就是学雷锋的_____。

第二部分 通讯:捧着一颗心来

语 词

1. 各行各业	gè háng gè yè	各种职业。
2. 冒着	màozhe	不顾(危险、恶劣环境等)。
3. 凛冽	lǐnliè	刺骨的寒冷。
4. 追悼会	zhuīdàohuì	沉痛怀念死者的会。
5. 户籍	hùjí	本地区居民的身份。

6.	辖区	xiáqū	政府部门管理范围内的地区。
7.	一步一拐	yí bù yì guǎi	因为腿不好,走路时不平稳。
8.	气喘吁吁	qì chuǎn xūxū	因为走得或跑得太累,所以喘气很急。
9.	门槛	ménkǎn	门下面比地高一点的横木或土石。
10.	内疚	nèijiù	因为对不起别人,内心感觉惭愧不安。
11.	搀扶	chānfú	用手轻轻架住对方的手或胳膊。
12.	(办)妥	(bàn)tuǒ	(做事)做完了而且做得很好。
13.	老弱病残	lǎo ruò bìng cán	老人、身体弱的人、病人和残疾人。
14.	福气	fúqi	指享受幸福生活的命运。
15.	谋取	móuqǔ	想办法得到(名利),常指不好的行为。
16.	非分	fēifèn	不属于自己应该得到的。
17.	吃请	chīqǐng	接受邀请去吃饭。
18.	帽徽	màohuī	制服帽子上的徽章。
19.	劳累	láolèi	由于过度的劳动而感到很累。
20.	过度	guòdù	超过适当的限度。
21.	诊断	zhěnduàn	医院经过对病人的检查,得出病情结论。
22.	搂	lǒu	抱。
23.	泣不成声	qì bù chéng shēng	哭得说不出话来,形容极度悲伤。
24.	追授	zhuīshòu	在人死后授予某种称号。
25.	模范	mófàn	可以作为榜样的、值得学习的。

专　　名

1.	《人民公安报》	Rénmín Gōng'ān Bào	报纸名。
2.	张晓春	Zhāng Xiǎochūn	人名。
3.	洪波	Hóng Bō	人名。
4.	李素珍	Lǐ Sùzhēn	人名。
5.	长清派出所	Chángqīng Pàichūsuǒ	一派出所名。
6.	胰腺癌	Yíxiàn'ái	一种病症。

练　习

(一)听一遍前半部分,简要回答问题:
1. 李素珍现在怎么样了?
2. 李素珍是做什么工作的?
3. 老人向李素珍埋怨什么?
4. 李素珍在老人来过的第二天,做了哪两件事情?

(二)再听一遍前半部分,判断下面句子的正误:
1. 李素珍管理着80多个群众。　　　　　　　　　　　(　)
2. 来办户口的老人身体有残疾。　　　　　　　　　　(　)
3. 李素珍虽然已经下班了,但还是热情地为老人办了户口。(　)
4. 李素珍给老人打着雨伞送他回家。　　　　　　　　(　)

(三)听两遍后半部分,判断下面句子的正误:
1. 户籍警的手中有权力,所以容易得到好处。　　　　(　)
2. 李素珍从来没有凭借权力要过别人给她的好处。　　(　)
3. 李素珍的癌症因为太累而加重了。　　　　　　　　(　)
4. 李素珍还欠了别人的钱没有还上。　　　　　　　　(　)
5. 李素珍的丈夫理解妻子的辛苦工作。　　　　　　　(　)
6. 公安部在李素珍去世前授予她一个称号。　　　　　(　)

第三部分　选择正确答案

1. A. 李军是一个出租车司机
   B. 李军开了一个电话亭
   C. 电话亭是从9月开始办起来的
   D. 军人和警察在这儿打电话不交钱

2. A. 卫生不好　　　　　　　　　B. 没有医院
   C. 有封建迷信活动　　　　　　D. 路不好走

3. A. 被法院管理了　　　　　　　B. 农业占用
   C. 摆了许多摊点　　　　　　　D. 科学、文明

4. A. 批评广告　　　　　　　　　　　B. 批评环境污染
   C. 批评乱用语言文字现象　　　　　 D. 批评骂人

5. A. 教师　　　　　　　　　　　　　B. 群众
   C. 广告公司　　　　　　　　　　　 D. 新闻出版文化部门

6. A. 有高学历,但没有实际能力　　　　B. 有高学历,但没有文明行为
   C. 有高学历,但没有高工资　　　　　D. 有高学历,但没有学术水平

7. A. 听广播声音太大　　　　　　　　 B. 撕图书馆的书报
   C. 浪费水　　　　　　　　　　　　 D. 乱扔废物

8. A. 评论　　　　　　　　　　　　　B. 消息
   C. 访问　　　　　　　　　　　　　D. 节目预告

9. A. 军校学生　　　　　　　　　　　B. 普通大学生
   C. 火车站职工　　　　　　　　　　D. 公安人员

10. A. 戴伟寒假放假正要回家
    B. 戴伟和犯罪分子搏斗时,没有任何武器
    C. 戴伟受了重伤
    D. 戴伟得到了各方面的奖励

11. A. 徐家夫妇　　　　　　　　　　　B. 设计院
    C. 徐家夫妇的女儿　　　　　　　　D. 徐家夫妇的亲戚

12. A. 煤矿设计院　　　　　　　　　　B. 徐家夫妇的女儿
    C. 政府　　　　　　　　　　　　　D. 徐家夫妇的亲戚

13. A. 2.7万元　　　　　　　　　　　 B. 3200元
    C. 3.02万元　　　　　　　　　　　D. 6.7万元

14. A. 小孩身上　　　　　　　　　　　B. 一件小孩衣服的口袋里
    C. 村民口袋里　　　　　　　　　　D. 洪水中

15. A. 通过衣服　　　　　　　　　　　B. 通过存折上的名字和印章
    C. 通过存折上的电话号码　　　　　 D. 通过民政局的资料

第十课　单元练习（二）

第一部分

1. A. 75 个　　　　　　　　　　　B. 36 个
   C. 913 个　　　　　　　　　　　D. 561 个

2. A. 3600 个　　　　　　　　　　B. 100 多个
   C. 一万多个　　　　　　　　　　D. 将近一万名

3. A. 姜宏斌为残疾儿童捐款　　　　B. 姜宏斌为残疾儿童治病
   C. 姜宏斌教残疾儿童学习　　　　D. 姜宏斌接送残疾儿童上学

4. A. 当干部的一个必备条件是孝敬父母
   B. 在村干部中发现了不孝敬父母的人
   C. 这个村不孝敬父母的现象较多
   D. 这个村有 1500 人

5. A. 4 岁男孩　　　　　　　　　　B. 老奶奶
   C. 司机　　　　　　　　　　　　D. 过路人

6. A. 免费送去医院　　　　　　　　B. 替小孩交了医药费
   C. 以上两个　　　　　　　　　　D. 把自己的药送给小孩

7. A. 他是一名军人　　　　　　　　B. 他正在回家的路上
   C. 有两个歹徒抢劫他的钱物　　　D. 他和歹徒展开了搏斗

8. A. 没受伤　　　　　　　　　　　B. 受了轻伤
   C. 受了重伤，但没有生命危险　　D. 牺牲了

9. A. 心脏需求太大，自然心脏不能按时提供
   B. 自然心脏不能移植
   C. 人工心脏便宜
   D. 人工心脏比自然心脏更有力

10. A. 狗　　　　　　　　　　　　B. 兔子
　　C. 小牛　　　　　　　　　　　D. 人

11. A. 10%　　　　　　　　　　　B. 1/5
　　C. 1/2　　　　　　　　　　　D. 12%

12. A. 家庭结构　　　　　　　　　B. 健康状况
　　C. 社会生活　　　　　　　　　D. 经济发展

13. A. 时装模特　　　　　　　　　B. 绘画模特
　　C. 广告模特　　　　　　　　　D. 封面模特

14. A. 苗条　　　　　　　　　　　B. 美丽
　　C. 专业　　　　　　　　　　　D. 气质

15. A. 她是一个残疾人　　　　　　B. 她没上过学
　　C. 中医治好了她的病　　　　　D. 她在中国很有名

16. A. 医生　　　　　　　　　　　B. 翻译
　　C. 作家　　　　　　　　　　　D. 歌手

17. A. 5　　　　　　　　　　　　B. 27
　　C. 40　　　　　　　　　　　D. 无法预测

18. A. 她是一个中学教师　　　　　B. 她的家庭条件很好
　　C. 她捐款时不写真名字　　　　D. 她捐的钱是假的

19. A. 6000元　　　　　　　　　B. 4000元
　　C. 2000元　　　　　　　　　D. 说不清楚

20. A. 养老院　　　　　　　　　　B. 宾馆
　　C. 医院　　　　　　　　　　　D. 娱乐中心

第二部分

1. 林健从什么时候开始生病？
2. 林健的病现在好了吗？

3. 林健和张磊是什么时候认识的？
4. 张磊考大学时选择了什么专业？为什么？
5. 林健用什么办法回报社会？
6. 林健觉得她的人生怎么样？
7. 用几个形容词描写一下林健的性格。

附录一
录音文本

第一课　打开收音机

第一部分　广播节目类型

★ 新闻节目的内容提要

中央人民广播电台,现在是新闻和报纸摘要节目时间。

各位听众:早上好!今天是2月12号,星期四,农历正月十六。今天是唐代诗圣杜甫诞辰纪念日。1912年的今天,清朝末代皇帝溥仪宣布退位,两千多年的封建君主制度宣告结束。

这次节目的主要内容有:

中共中央举行元宵节联欢晚会,江泽民、李鹏、朱镕基、李瑞环、刘华清、胡锦涛、尉建行等出席;

江泽民会见韩国自由民主联盟名誉总裁金钟泌一行时表示:发展中韩长期睦邻友好关系,符合两国人民的根本利益;

铁路平稳度过春运高峰;

国家教委决定:从今年九月份起调整中小学教学,删减教学内容,降低教学层次,缩小考试范围;

加拿大决定向海湾地区派兵,波兰也将支持美军行动;

北爱尔兰再次发生枪杀事件;

美军核潜艇撞沉韩国渔船。

下面请听详细内容。

★ 天气预报

今天白天到夜间,全省天气晴间多云,北风预报各海区5到6级,内陆地区3级,明晨最低温度,鲁北、鲁中山区和半岛内陆地区0℃,其他地区3℃。28号全省天气晴到少云,北风转南风预报各海区5到6级,内陆地区2到3级。请您再听一遍……预报员19号、45号。

★ **简讯一**

中央台记者李晓奇报道,香港电台中文台负责人近日透露,明年三月,香港电台将在第七台开设一个具有本土文化特色的普通话台,成为香港第一个普通话电台,预计第一阶段每天播音12小时,并努力实现全天24小时播音。

★ **简讯二**

中央台消息,外交部发言人朱邦造昨天宣布,应中华人民共和国主席江泽民的邀请,美利坚合众国总统威廉·克林顿将于6月25号到7月3号对中国进行国事访问,江泽民主席将同克林顿总统就中美关系和共同关心的国际问题广泛深入地交换意见。除北京外,克林顿总统还将访问西安、上海、桂林等城市和香港特别行政区。

★ **简讯三**

中央台记者罗关星报道:全国人大常委会委员长乔石昨天下午在海谊酒店会见了第八届、第九届香港地区的全国人大代表,并发表了讲话。乔石说,邓小平强调指出,香港在1997年回归祖国以后,50年政策不变,包括我们写的基本法至少要管50年,50年以后更没有变的必要,香港的地位不变,对香港的政策不变,对澳门的政策也不变,对台湾的政策按照"一国两制"方针解决统一问题以后50年也不变。这些话是我们工作必须始终不渝地坚决遵循的原则,也是我们继续努力的方向,只要我们坚定不移地这样奋斗下去,就一定能够保持香港的繁荣,促进香港的发展,也一定能够最终完成祖国统一大业。

第二部分 相声:别扭话

(表演:高英培、张振铎)

高:从八四年呐,我们在咱们全国搞了一次相声评比,这个会议上我们得出这样一个结论……

张:什么结论哪?

高:人,不分男女老幼,地,不分东西南北,大家都喜欢相声。

张:噢,爱听相声。

高:因此上对我们相声演员有个要求,

张:要求什么呢?

高:在表演当中,一定要注意语言美。

张:不单咱们相声演员,我们在生活里边也应当注意语言美。

高：嘀,张老师,您说得太对了。借这个机会,我给大家举个例子。

张：什么例子呢?

高：同样是一句话,这位同志很会讲话,讲话的逻辑性很强,也有方式,讲出话来叫您听着是特别地舒服,特别地顺耳。

张：是吗?

高：同样是这句话,这位同志不会讲话,也不懂得个语言美,这话说出来叫人听着这么难过,这么别扭。

张：那您给举个例子。

高：我就听过别扭话。前些日子在北京,我在家里做饭,我们家使的那火呢,不是蜂窝煤,也不是烧煤球,点的是液化罐。这个东西,方便倒是方便,可是那天我一拧截门,麻烦了,里边空了。

张：噢,用完了。

高：那我就换去吧。把自行车推出来,我把液化罐搁在后椅架上,刚要走,就我们对门屋住着个小李,年轻轻的,您说这个人,那么年轻的小伙子,这话说得这个别扭。

张：他怎么说的呢?

高：还叫我呢,"嘿,高大爷,您没气了?"

张：有这么说话的么?

高：您听这话别扭不别扭?

张：确实是别扭。

高：我一想,我得解释解释吧? 我说:"李儿啊,你大概不了解我,这月我家里尽请客了,来了好多的朋友,我给他们做饭,用得浪费了。"不解释还好点,这一解释呢,更麻烦了。他倒跟我火了,"什么您呐? 我们家里五口都足蹦着了,你们老两口子怎么总断气啊?"

张：不像话!

高：我一赌气一看呐,得了,别换了,拿回来。可是,不换,这做饭也麻烦呀。我脑子转过来转过去我就想了,干脆啊,咱们别做饭了,下饭馆吃吧。我跟我爱人一商量,我那老伴还不同意,她说"现在饭馆的人啊,特别地多,等的时间长。干脆这样吧,你自己去吧,你去你吃饱了之后啊,给我带回点儿来。"我想也好啊。夹着饭盒我就到了饭馆。我对着那窗口说:"同志,我吃包子。"里边回答我:"包子往里走。""包子往里走。"我一听,我不能往里走啊,往里走我变包子啦! 我说,"这样子吧,我没拿好主意,改变方针,我买菜,您卖我一个菜吧,您卖给我溜肥肠,"就是那猪肠子。"您卖我肥肠啊,卖我七两米饭。"我买得了肥肠,买了七两米饭,买的都是菜牌,我得把这菜牌给服务员哪。我刚坐下,服务员端着菜出来了,"哎,这是谁的肠子? 这是谁的肠子? 谁的肠子?"

我赶紧说:"我的肠子!""你这个肠子你还要不要啊"我说:"要啊。""告诉你记住了啊,下次自己肠子自己拿去啊!""谢谢!谢谢!谢谢!您这服务态度真好!"把肠子接过来,她还不走,她问我:"这肝是你的吗?"我说,"不是,我没肝。"她走了,我把肠子夹起来,搁嘴里嚼着,还没等我咽下去呢,打外面来了个年轻的小伙子,哎哟这话说得难听哟,叫他那同伴:"哥们!别满处转悠去了啊,这个老家伙眼看着就完了!"把肠子咽下去,我赶紧站起来,"小伙子,老家伙现在就完了。快来快来,您快请坐,我告诉你,你记住了,你也有完的时候。"我赶紧把米饭跟肠子都扣在饭盒里,拿着我就回家了。没法再吃了。到家一进门,我爱人还问我呢:"呀,你吃饱了?""什么我吃饱了?我气饱了。你吃吧,我不吃了。"睡觉。我刚躺在那儿,这么个功夫,外面有打门的。

张:谁来了呢?

高:我的外甥。我外甥年轻的小伙子,手特别巧,他会修理好多东西,电视机,坏了能修,电冰箱,坏了能修,甚至缝纫机坏了都能修。上个星期天上我家来了,我家里头啊,有一个木头钟,多年失修,不走了,他就跟我说:"舅舅,我把您这钟拿走,给您修理修理。"上礼拜天拿走的,我刚怄完气躺在这儿,他在外边叫门,"梆梆!梆梆!"本来我就一肚子火啊,我说"谁啊?""我!""你是谁啊?"他倒急了,"哎哟,舅舅哎,您怎么连我都听不出来了,我是您外甥啊,给您送钟(终)来了!"我把门一开,"出去!"

张:你怎么踹人家呀?

高:踹他?我还打他呢!一吵一闹,一院子街坊都出来了,小李他妈也出来了,小李他妈还问我了:"高大爷,今天您怎么这么大的火气呢?"我说"对了,今儿倒霉就倒霉在你们孩子身上了,早晨一见面就告诉我没气了,这不,这位嘛,就给我送终来了。我能不火吗?"我这么一火,还是人家小李他妈,真会说话,当时就批评我这外甥,"哎哟,瞧瞧你们这年轻的人啊,讲话也不懂个语言美,也不懂说个新名词,说实在的,不怨你舅舅发火,别说你舅舅还没死,就是你舅舅现在死了,都不叫'送终'……"

张:那该说什么呢?

高:"那叫'向遗体告别'"。

第三部分 选择正确答案

1. 放着精彩的现场直播节目不能看,还得下班后回去看录像,唉,真是的!

问:说话人现在正在干什么?

67

2. 这6月的天气就像三岁孩子的脸,没个准儿,你还是多听听预报。

  问:6月的天气有什么特点?

3. 中央台有第一套节目和第二套节目,地方台都有自办节目,同时也转播中央台的部分节目。

  问:关于地方台,以下哪个是不对的?

4. 国家语言文字委员会规定,从1998年起,每年9月的第三个星期是"推广普通话宣传周"。

  问:什么时候是"推广普通话宣传周"?

5. 香港是广东话和英语的天下,不过,随着回归的临近,普通话也渐渐流行起来。

  问:香港在回归之前,什么话不太常用?

6. 这也叫新闻吗?炒别人的冷饭算什么事儿!我看叫"旧闻"倒挺合适。

  问:说话人对这条新闻是什么态度?

7. 过去的相声是演员不笑听众笑,现在可好,演员只顾自己乐,观众还莫名其妙呢。

  问:说话人对现在的相声有什么看法?

8. 应国家主席江泽民的邀请,纳米比亚共和国总统萨姆努乔玛和夫人,昨天乘专机经北京飞抵南昌,开始对中国进行为期一周的国事访问。

  问:下面哪种说法是不正确的?

9. 新华社莫斯科消息:法国总统希拉克昨晚在离开莫斯科返回巴黎前,在机场宣布:俄罗斯总统叶利钦将于本月26号前往巴黎,参加定于次日举行的俄罗斯与北约关系文件的签字仪式。

  问:法国总统是在什么时候发表讲话的?

10. 应荷兰首相科克的邀请,李鹏总理昨天坐专机抵达阿姆斯特丹,开始对荷兰进行为期4天的正式友好访问。

  问:下面哪个意思是正确的?

11. 新华社消息,中共中央总书记、国家主席、中央军委主席江泽民,将前往香港出席定于今年7月1号举行的香港回归一周年庆祝活动,在香港期间,江泽民还将出席香港新机场揭幕典礼,视察中国人民解放军驻港部队等。

  问:江泽民不参加什么活动?

12~13. 中央台消息,据中央气象台提供的信息,预计未来一周内影响我国的冷空气势力仍然较弱,北方大部分地区基本上没有降水和大风天气,西南地区东部、长江中下游地区为阴雨相间天气,气温变化不大。

  问:12. 未来一周内,我国的气温怎么样?

    13. 关于降雨,哪种说法是正确的?

14~15．新华社消息：香港特区首任行政长官董建华昨天表示，今年七月一号香港回归祖国以后，特别行政区政府将会保持香港的自由经济制度，并努力创造一个更加公平的竞争环境，维护香港的繁荣稳定。董建华特别强调：进入21世纪后，香港要建设成为一个稳定、公平、民主、富有同情心、方向清楚、目标一致的社会。香港将维持自由市场不变，在巩固国际金融、贸易、航运信息和旅游中心地位的同时，也将进一步加强与内地及国际投资者的紧密合作，进行公平竞争。

问：14．董建华是什么时候发表讲话的？
15．哪一方面是港区政府要特别加强的？

第二课　人口与素质

第一部分　新闻简讯

★　**简讯一**

中国国际广播电台消息,联合国刚公布的一份报告称,由于生育率迅速下降和一些冲突地区死亡率上升,90年代前5年,世界人口增长率呈下降趋势,显著低于1975年到1990年期间的1.72%。

★　**简讯二**

新华社消息,北京市1995年全国人口抽样调查资料显示,北京市人口自然增长继续呈下降趋势,据统计,1995年,北京人口自然增长率为2.8%,与1990年相比,下降了4.93个千分点。下降幅度较大的主要原因是,北京市人口出生率下降幅度较大。

★　**简讯三**

据第四次全国人口普查表明,我国少年儿童目前已占全国总人口的27.6%,全国3亿3千多万少年儿童健康成长,我国儿童事业的发展成就令世人瞩目。目前我国婴儿及5岁以下儿童死亡率分别达到36‰和44‰,1995年,全国7~14岁儿童平均身高142.3厘米,比1985年增长2厘米;平均体重31.9公斤,比1985年增加了2.8公斤。

★　**简讯四**

世界银行最新统计显示,1996年,香港人的平均寿命为79岁,居全球第二,仅次于国民平均寿命达80岁的日本,世界银行最新公布的全球社会经济统计数据显示,1996年全球人口平均寿命估计约为67岁,平均寿命最短的西非塞拉利昂仅达到37岁。

第二部分 述评:未来中国人口面临的四把利剑

把 2050 年左右的中国人口估计在 16 亿应该是适度的。这 16 亿人口意味着什么呢?它意味着政府得为今后 50 年内持续增长的人口提供生存和发展的资源、资金和社会条件,既包括吃穿住行等基本需求,也包括教育、娱乐、文化等基本享受;政府得为今后 30~50 年内大约 3~3.5 亿的新增劳动人口提供和创造就业的机会和工作的岗位;政府得为今后 20~30 年内大约 8 亿劳动者提供大量的固定资产、很好的生产条件和适宜的经营环境;政府得为今后 20~50 年内增长的七八亿城市人口提供粮食、副食品、社会生活基础服务设施。这是张毅博士认为人口突破 16 亿,这是悬在中国未来的第一把利剑。

悬在中国未来的第二把利剑,就是男女性别比偏高问题的长期存在,严重影响了未来人们的婚姻和家庭生活,也会影响未来社会的健康发展。一般国际上把每新生 100 名女婴和与其相对应的男婴数作为出生性别比。由于人类社会普遍存在的男婴出生率高于女婴的现象,所以在这个比例中,正常的出生性别比是 100:105~115。自从计划生育政策严格执行以来,中国人口的出生性别比就开始攀升了。1980 年是 100:107,1981 年是 100:111,1989 年是 100:114,据估算,1996 年的出生性别比很可能是 100:120 左右。在四川、浙江、河南这些省区,出生性别比可能会更高。如此发展下去,到 2000 年,中国人口出生性别比将变为 100:125 左右。如果不采取有力的措施严厉控制这一比例,那么到下个世纪的 30 年代,出生性别比会骤升至 100:135 左右。别光为了生男孩而高兴,这是一个非常危险的信号。这种性别比的严重失调,比人口总量的增长所要带来的危险还要危险。因为这个危险造成的恶果必然是:买卖婚姻加剧、性犯罪比例上升、男性单身家庭增多、离婚率高攀不下,如此下去,未来家庭将会有很多成为扭曲的家庭,严重影响社会的安定。

张毅博士认为悬在中国未来的第三把利剑,就是 21 世纪的人口素质难以适应未来经济和社会发展的进程。1990 年人口普查统计资料显示,全国 6 岁以上的人口占到 9 亿 9 千万之多,其中大学文化程度的人口占总人口的比例是 0.62%,大专占 0.97%,中专占 1.74%,高中占 7.3%,初中占 26.5%,小学占 42.27%,根本不识字或者识字很少的占 20.61%。由此可见,有高中以上文化水平的人口只占 6 岁以上年龄人口总数的 10.63%。以今日之现状论未来,在本世纪末到 2010 年之前,中国人口的文化结构不平衡状况不会有太大的改变。如果不能迅速地解决这一矛盾,中国未来经济的发展必然受劳动力水平低下的影响,况且,现今占人口总数 16.92% 的文盲和半文盲,仍然会搭乘时代的列车驶入下一个世纪。到时候,中国仍将背负 2 亿左右的文盲去进行现代化的大生产。

悬在中国未来头上的第四把利剑,是4:2:1结构的抚养关系。张毅博士认为,4:2:1结构的家庭绝不会出现,但是4:2:1结构的抚养关系则必然出现。在严格执行每对夫妇只生一个孩子的地区,到2005年以后,其家庭模式就变化了,其家庭抚养关系就转化成为4:2:1的倒金字塔结构,或者是5:2:1的倒金字塔结构。这里的4指两对老人,2指一对青年夫妇,1指一个子女,就是一对青年夫妇抚养他们各自的父母以及他们自己的孩子,有时还要加上一个他们的爷爷或者是奶奶。在现实生活当中,这样的家庭结构是不会出现的,因为家庭发展的趋势是小型化,但是,这样的抚养关系则是必然出现的。可见,如果现行计划生育政策不变,老年家庭成员总数普遍要比青年家庭成员的总数为大,很多人没有把家庭的变化趋势纳入未来人口变化的分析渠道,这就不妥当地回避未来普遍存在的老年家庭问题。到21世纪,一对青年夫妇的生活压力还是非常沉重的,娇惯了20多年的独生子女是否能够承担起家庭的重担呢?这就给我们未来的社会福利和保障事业提出了严峻的课题。

第三部分　选择正确答案

1. 由于受亚洲经济危机及国内政治动荡的双重影响,印度尼西亚的整体经济实力下降了10~15%左右,明年,印尼的贫困人口将占人口总数的66%左右,这将是自60年代以来贫困人口率最高的一年。

　　问:印尼的贫困人口到明年将达到多少?

2. 90年代以来,我国的人口出生数出现了急剧下降的趋势,小学入学人数减少,随之而来的将是上学机会增多,今后的就业压力减少,但同时加快了社会的老龄化。

　　问:下面哪个方面不是人口出生率下降带来的好处?

3. 中国的第一批独生子女马上就要面临成家立业、生儿育女的问题了,他们会给社会带来什么样的变化和难题,人们都拭目以待。

　　问:关于独生子女,下面什么说法是正确的?

4. 一项世界范围的调查表明,超过三分之一的50岁左右的男性,因退休后觉得失去在社会和家庭中的地位而自信心下降,他们的妻子却因为孩子长大离家而开始了新的生活,给丈夫造成心理上的压力,由此也影响了身体的健康。

　　问:50岁左右的男子自信心下降的主要原因是什么?

5. 马寅初先生几十年前的人口论学说如果被采纳,中国的今天就不会背上如此沉重的人口包袱,经济发展也会更快一些。

　　问:马寅初的人口论学说以前怎么了?

6. 日本的百岁老人首次超过了一万人,达到 10158 人,社会高龄化的速度正在加剧,女寿星占总数的 82.2%。

  问:从这段话我们可以知道什么?

7. 新加坡刚作出了一项新规定,鼓励具有高等学历的夫妇多生孩子,以提高下一代的整体素质,这不失为一种优生优育的独特办法。

  问:这项规定的主要目的是什么?

8~9. 从现在起到 2000 年,是实现全国基本扫除青壮年文盲的关键时期。据了解,建国以来,全国累计扫除文盲近两亿,文盲占总人口的比例,由建国初的 80% 降低到 1995 年的 12.01%。

  问:8. 在多长的时间内,全国扫除了两亿文盲?
    9. 1995 年,文盲占总人口的比例是多少?

10~11. 联合国粮农组织驻拉美地区代表奥古司特·西蒙斯前天指出:目前世界营养不良和饥饿问题十分严重,各国政府都应该重视粮食生产。他说:目前在发展中国家,大约有八亿人口面临营养不良和饥饿问题。每年约有 1100 万儿童被饿死,500 万五岁以下的孩子营养不良。

  问:10. 目前营养不良和饥饿问题主要发生在什么范围?
    11. 多少儿童因为饥饿而失去生命?

12~13. 中国国际广播电台消息,联合国秘书长加利昨天指出,世界上大约有 13 亿人仍生活在赤贫之中,这一数字比 1990 年多出 3 亿,现在每分钟就有大约 50 个孩子降临到贫困家庭,他呼吁国际社会加倍努力,消灭贫困,以拯救目前还在贫困线上挣扎的千百万儿童。

  问:12. 现在世界上生活在贫困中的人大约是多少?
    13. 加利特别强调要救救什么人?

14~15. 中国国际广播电台消息,非统组织秘书长萨利姆昨天说,非洲文盲率估计高达 56%,约有 2600 万女孩上不起学,他认为,非洲许多国家正在进行的经济改革和结构调整,导致了国家教育经费的减少,许多非洲国家培养出来的人才纷纷到世界其他地方谋生,导致了非洲的人才缺乏和社会发展缓慢。

  问:14. 大约有 2600 万女孩遇到什么情况?
    15. 下面哪一个不是非洲文盲多的主要原因?

第三课　今天的儿童

第一部分　新闻简讯

★ 简讯一

《广西日报》报道,在我国一些乡村,不少年轻父母长期外出打工,把孩子交给年迈的爷爷、奶奶或公公、婆婆,致使大多数孩子教育不够,宠爱有余。报纸呼吁:孩子比钱更重要。

★ 简讯二

《辽宁日报》报道,时下,一些幼儿、中小学生的家长整天围着孩子转,甚至为他们端洗脚水、拿擦脚布。报纸指出:这种做法家长不仅自己太累,而且不利于孩子培养应有的自立能力,这是"累而有过"。

★ 简讯三

新华社消息,一些曾到中国领养孤儿的美国人,近日在纽约曼哈顿岛和长岛举行的领养孤儿加入美国国籍仪式上发表谈话,称赞中国各界对儿童的关心和爱护,驳斥某些西方新闻媒介所谓中国孤儿院虐待儿童的报道。曾在安徽合肥市儿童福利院领养到女儿的教育学家爱德华·芭芭拉博士和妻子说,他们曾在合肥和广州逗留了两周,没有看到和听到儿童遭受虐待的事情,儿童福利院对儿童照顾得很好。

★ 简讯四

家长朋友,夏天,许多小朋友都爱喝可口可乐或者是果汁等饮料,许多家长也认为,饮料里有不少营养成分,对孩子的健康有好处。其实,这是一种错误的认识。最近,有关研究人员在一群儿童中发现了果汁、饮料综合症。这些儿童每天从充气饮料和果汁中摄取的热量占总热量的三分之一。他们食欲不振、情绪不稳定,并常常腹泻。他们在对100名儿童的调查中发现,70%的学龄前儿童和50%的幼儿园孩子一直是以饮料代水喝的。而90%的父母对孩子喝饮料的习惯听之任之。孩子从小养成爱喝饮料的坏习惯会对他们将来的身体健康造成很大的损害。

第二部分 专稿：如何培养高"情商"的孩子？

各位听众，现代心理学研究表明，一个人的成功，20%依赖于他的智力水平，80%则决定于他的情商高低。情商，也就是情感智力，是一个人立足于社会的智力因素以外的一切内容。请听"如何培养高情商的孩子"系列广播。

今天，我们要对身为父母的各位的情商进行一下检验。好，让我们向你们提几个问题，并且告诉您答案。

——遇到重要问题，您避免让孩子知道吗？

大多数心理学家认为，父母不应该将重要问题避开孩子，即使孩子还幼小。孩子的适应能力比大家想像得要强得多，并能从现实的解决问题中获益。

——您公开谈论自己的失误吗？

孩子们的想法和希望要想切合实际，必须学会接受父母的优点和缺点。

——您认为自己乐观吗？

研究表明，乐观的孩子更快乐，在学校更容易成功，身体更健康。而孩子的性格乐观还是悲观主要是靠着对你耳听目睹而养成的。

——您帮助孩子交友吗？

研究者们发现，有一个好朋友，尤其是在9~12岁的时候，是孩子能否学会与人保持亲密关系关键的里程碑性的一步。孩子蹒跚学步时，你就应该教他如何交友。

——你限制孩子观看电视或录像中的暴力内容吗？

尽管还没有明确证据证明，观看暴力内容的电视节目或类似电子游戏会使孩子变得霸道，但是，这些内容确实能使他们对别人的感情和担心无动于衷。

——您教过孩子如何身体放松，以对付压力、病痛和忧虑吗？

孩子四五岁时，你就可以训练他学会身体放松。这不仅有助于孩子应付当时遇到的问题，更有助于他日后健康长寿。

——孩子解决不了某个问题的时候，您插手吗？

研究表明，孩子们开始自己解决问题的时间远比我们想像的要早得多。孩子们学会自己解决问题后，就会获得自信心，学会重要的社会技能。

——孩子抱怨某事太难，或者已经失败以后，您仍让他坚持试一下吗？

要想成就事业，最重要的一点就是面对失败仍坚持不懈的韧性。

——您坚持要孩子每天锻炼，养成健康的饮食习惯吗？

健康饮食和锻炼对身体的好处是不言而喻的。此外,它对孩子大脑的发育也起着极其重要的作用。

——即使怀疑孩子正在伤害自己或者他人,您也尊重孩子的隐私吗?

隐私和信任是培养孩子过程中的孪生子。孩子们在每个年龄段都应该知道,什么可以是自己的隐私,什么应该让父母知道。

各位听众,在进行了这样一番情商测试以及讲解之后,您怎样评价自己的情商呢?如果您想让自己在这些方面做得更好、更完善,那么,在以后的日子里,我们《山东纵横》节目将就每一个问题和您详细探讨。

第三部分　选择正确答案

1. 山东台消息,济南一中把孝敬父母作为一门课程,要求每名同学要尽其所能为父母分担家务,这项活动已开展三年,效果很好。

　　问:这个学校开展一项什么活动?

2. 《新华日报》日前载文,提出让孩子过过苦桥。文章说,苦难也是一座人生之桥,虽然会使人生略带苦涩,但却能造就力量和智慧,作为父母不妨多一份理性,含蓄一下自己的舐犊之情,让孩子去苦苦心志、劳劳筋骨。

　　问:文章中提出什么观点?

3. 眼下一些地方的科学宫已逐渐变味,失去正常的科普功能,正成为迪斯科、旱冰场、娱乐中心的天下,报纸呼吁,各地应从造福千秋万代、培养21世纪合格接班人的长远大计着想,切实解决好科学宫等科教、文化场所的资金、人才困难,把已经丧失的阵地抢回来。

　　问:科学宫"变味"是什么意思?

4. 山东台消息,据统计,近年来山东省少儿图书价格,每年的涨幅约为25~30%,造成书价过高的原因,一是因为印刷原料的上涨,另一个原因是少儿图书普遍采用了彩印,并过分追求精美。

　　问:哪一个方面不是少儿图书价格高的原因?

5. 荷泽一位妇女生下了两男两女的龙凤胎。婴儿的父母都是农民,母亲32岁,产前检查时是3胞胎,谁知出生时才发现又多了个小宝宝。

　　问:下面哪一种说法是不正确的?

6~7. 河南台消息,河南省信阳市马户村退伍军人李占西30多年来先后抚养20多名残疾孤儿,被当地干部群众称为"戴着功勋章的孤儿院院长"。今年71岁的李占西1950年戴着军功章光荣退伍,60年代李占西家连遭不测,妻子不幸病故,他的下肢也因病致残,面对一连串的打击,李占西没有向命运低头,而是把爱心洒向社会,从60年代至今,他先后收养无家可归的流浪残疾儿童20多名,如今在他身边还有5名年龄不同的残疾儿童和青年。

  问:6.下面哪一种说法是正确的?
    7.现在李占西还收养着多少孤儿?

8~9.随着电视机的普及,儿童电视孤独症患者有所增加。这种病症多见于3岁到7岁的儿童,他们思维能力差,行为模仿力强,不会处理日常生活,很难适应社会。预防这种病的办法是严格控制儿童看电视的时间,选择适合他们的节目,父母尽可能少看电视,或陪孩子看电视,给他解释电视内容。

  问:8.患儿童孤独症的孩子只有什么能力比较好?
    9.下面哪一种预防这种病的方法是不对的?

10~12.儿童收养法正在修改,主要体现在三个方面:一是对查找不到亲生父母的儿童,不再受收养人必须无子女和只能收养一名子女的限制;二是降低收养人的年龄下限,将收养人必须年满35岁降低到30岁,婚后经确诊没有生育能力的不受30岁限制;三是允许没有结婚的人年满55岁无子女或者夫妻双方均年满55岁无子女的,可收养一名14岁以上的子女。

  问:10.《收养法》修改的第一条是什么意思?
    11.结婚以后确实没有生育能力的夫妇在收养年龄上是怎么规定的?
    12.哪一条是不符合规定的?

13~15.未成年人犯罪已经成为当前一个较为突出的问题。犯罪原因多种多样,因家庭教育方面有缺陷而导致犯罪者占了很大比例。一是家庭结构不完整,父母离异,孩子对家庭、社会产生厌恶和仇恨心理而走上犯罪道路。二是家长过分溺爱孩子,只是顺从而不加管束。三是家长工作忙,顾不上照顾孩子。教育专家说,家长是孩子的第一老师,但现在不少家长文化素质不高,教育方法不当,才造成了这样的后果。首先教会家长们怎样做家长,那犯罪率就会降低不少。

  问:13.刚才这段话主要讲了什么意思?
    14.下面哪一条不是孩子犯罪的主要原因?
    15.家长应该怎样做,犯罪率才有可能降低?

第四课　学校教育

第一部分　新闻简讯

★ **简讯一**

《湖北日报》报道,今年高校开学,家长送新生入学的现象比过去更普遍了。教育专家指出,这种做法对孩子成长不利,不仅会造成孩子过强的依赖心理,不利于培养学生的自学能力和自控能力,也会使学生失去自信和恒心。

★ **简讯二**

《湖北日报》针对高校严重浪费粮食现象呼吁:增强大学生节粮意识刻不容缓。有人测算,目前武汉市有10万大学生在食堂就餐,每天每人浪费0.05公斤粮食,一年浪费的粮食够12万人吃一个月。

★ **简讯三**

《辽宁日报》报道,鞍山市18所中小学校向学生们发出通告,不允许学生向教师递家长名片。近年来,一些学生向教师递家长名片,借此向教师透露家庭背景,部分老师也按照学生家庭背景排座次,甚至找家长办事,鞍山市决心煞住此风。同时还规定,学生不许穿名牌、带大哥大、寻呼机,以免滋长学生的虚荣心。

★ **简讯四**

《湖北日报》报道,武汉市一所小学只有一名小学生每天前来上课,在校的九位教师轮流教他四年级的11门课程。这所小学是武汉化工学院附属小学,学生人数曾经超过100人,但是由于附近几所小学办学质量不断提高,学生纷纷转到这些学校上课。由于化工学院和学校所在区教委在学校出路问题上至今没有达成一致意见,这所只有一名学生的小学目前仍然只能维持现状。

★ **简讯五**

北京市近期举行的'98春季应届大中专毕业生供需见面会,吸引了5万多名学子前往应聘求职,参与人数创历史纪录。这表明大学生自主择业的就业意识增强了。有关人士指出,今年北京高校毕业生总体上仍然是供不应求,但供需结构的矛盾依然突出,尤其是专科生的需求量继续呈下降趋势。

第二部分　　录音报道:大学生与校园内外的饭店

记者一:各位听众,我是记者包君浩。在目前一些大学校园里,大大小小的饭店过多过滥,已经引起了广大师生和家长的关注。这些饭店在方便学生生活的同时,也带来了一些副作用,学生大吃大喝的风气日盛,高消费的习气见长。请听山东人民广播电台记者铁瑛发来的报道。

记者二:各位听众,我是山东人民广播电台记者铁瑛。目前在一些大学校园里和校园附近,聚集了为数不少的饭店、饭馆和小食摊。这些饭店相当一部分是个体的小饭店,店内装修非常简单,饭菜的价格也不高,有的饭店卫生条件也比较差,来这里吃饭的人大多数是大中专在校的学生。最近,记者走访了济南的一些大学校园,发现除了学校食堂餐厅以外,几乎每一所学校内都有一两个小饭店,有的校园内竟然有十几家,至于大学校门附近的饭店、饭馆就更多了。因为这里的环境和饭菜的价格比较适合没有经济收入的学生们,所以,这些饭店和小食摊的生意比较红火。那么,大学生们在什么情况下才下馆子吃饭呢?一个月的花费能有多少呢?一位大学生介绍说:

大学生:我们学生自己不挣钱,钱呢都是来自父母,其主要消费呢主要是在那个平时日常生活方面,大部分在吃饭的时候消费数额比较高,再就是平日里同学聚会,某个同学过生日,上饭店吃饭这种情况比较多。像女学生穿衣裳还有一定的消费,男生呢就是说吸烟、喝酒,这样算下来呢,每月的生活费呢大概有300多元左右吧。

记者二:今年研究生毕业刚刚留校任教,担任九六级新生辅导员的祁建宏老师说:

辅导员:从学生高消费的原因来看呢,主要有这样几大类吧。第一类呢是由于一些在学生心目中比较大的事情,比如说过生日啊,比如说有老乡有朋友自远方来啊。再一个原因主要是和学校的伙食有关系,现在学生独生子女比较多啦,他们在家的生活水平也算是还可以吧,那么到学校以后,他对这个学校的饭食啊很不习惯,这样呢他就愿意寻找一些餐馆啊、饭店啊改善一下伙食。所以我说要改变这种高消费啊,首先学校里应该把这个伙食工作给做好。第三个原因呢主要是受社会的影响吧。

　　　　　社会上讲究这种关系，要办什么事都要靠关系，那么学生嘛他也受到一些观念的影响，他也希望从学校当中呢，就和同学啊和朋友啊和老乡啊搞好一种关系，他们觉得对将来自己的发展呢非常有好处。

记者二：对待大学生们的生活高消费、下饭店聚餐的现象，反应比较强烈的是学生家长和教育工作者。家住济南燕山小区的姜辉英有一个儿子在济南一所大学读书。有一次，姜辉英路过这所大学校门口的一家饭店，猛然间发现，里面正在吃喝的一群学生当中坐着自己的儿子……

家　　长：我是一个职业妇女。我上班的时候呢，就是路过我儿子的学校……

记者一：姜辉英说，我是个职业妇女，我上班的时候路过我儿子的学校，我儿子学校旁边有许多小饭店，我经常看见有许多学生在里边吃饭、喝酒，很热闹。有一次，我无意中看见我儿子也在里面，我没有说什么，我就悄悄地在窗外看他，我想看看我的儿子在这种集体活动中的场合是什么样子，你们也能理解母亲对日见成熟的儿子的心情。这个时候，正好他们吃完了饭，我儿子站起来和他们抢着付账，我心里就纳闷：我儿子哪儿来的这么多钱呢？后来，我就了解到，他们有一个12人的小组，每个星期由一个人做一次东，那么那一天大概就轮到我儿子。他们好像把这种请客吃馆子当作一种生活的必需。我一旦知道这种事后，我心里非常不平衡，因为我从小是受到很严格的节俭的教育，另外，我们是工薪阶层，收入又不高，所以对家庭的消费有很严格的限制。有次我在商店里看到非常漂亮的小手绢，心里想买，但一想算了，旧的还能用，就这样一分一厘地积攒起来，供他上大学，供他求知。但我万万没有想到，他们在正常的消费中还有这么大一笔支出。一旦知道这种事后，我心里挺抱怨的，为什么我们在付出，而他们在过分地享受？所以有一天他叫我"妈妈"，我都没有答应，他也不知道为什么，这话我也不好意思跟他说，他该说我小气，也怕那天是他拿买书的钱或买衣服的钱省下来这么做的。但我总觉得，像这样一种消费习惯是不合适的，我特别希望学校的老师或专家能对学生的这种行为有一个规范和提醒。

记者一：梁秀华教授认为，现在在校园里，的确是出现了一些高消费的情况。比如说，一些女生穿戴比较讲究，还有，宿舍里过生日比较普遍。大学生许多是来自工人、农民家庭，父母都是为了孩子省吃俭用，可以说，是勒紧裤腰带。所以在这种情况下，作为一个大学生，更应该培养艰苦奋斗这样一个传统。

　　　　　各位听众，校园饭店过多过滥，部分大学生高消费现象的产生，当然有大学生自身修养的原因，需要学校和有关教育部门及时加以引导，但我们认为，当前社会上某些吃喝歪风对当代青年的腐蚀和侵扰更是一个值得高度重视的方面，如何还校园一个纯净的环境,不光是教育部门需要考虑的问题,更值得社会各界共同来认真思索。

第三部分　选择正确答案

1. 今天出版的《解放日报》载文指出,中学生不宜使用寻呼机。文章说,中学生使用寻呼机,有百害而无一利,不仅影响教学秩序,而且助长学生摆阔气、摆派头的不良风气,希望引起家长的重视,也希望商家销售寻呼机的时候严加把关。

　　问:文章认为,学生使用寻呼机会产生什么结果?

2. 山东台消息,山东省莱阳市一对姐妹最近双双考上北京大学博士研究生。这对姐妹,姐姐名叫左薇,25岁,妹妹名叫左延,23岁,父母都是普通工人,录取前,姐妹俩分别是南京医科大学和解放军外语学院研究生。

　　问:下面哪一条是不正确的?

3. 山东台消息,邹平县农民张严国最近收到山东大学送来的心理学兼职教授聘书,成为山东大学第一位农民身份的兼职教授。张严国在开发青少年智力、培养青少年良好的心理素质方面有独到建树。

　　问:这段话告诉了我们什么?

4. 《湖南日报》报道,湖南财经学院最近作出决定,对55名违纪学生给予不同程度的处分,并在校内张榜公布。这55名学生中有3名因参加赌博、偷窃财物被勒令退学,7人因考试舞弊被记过,其余则因酗酒而深夜不归等原因受到警告处分。

　　问:下面哪一条不是学生受处分的原因?

5~6. 中央台消息,据最新出版的第19期《瞭望》周刊报道,今年的高考已把会考合格作为参加高考的必要条件。会考一门不合格,不得报考重点高校,会考两门不合格,不得报考本科。有关专家指出,这样改革既减弱高考对中学教学的指挥棒作用,又减轻考生负担,同时还有利于高等学校根据自身特点选拔新生。

　　问:5. 如果想报考大学本科,必须具备什么条件?
　　　　6. 这种改革有什么好处?

7~8. 现在毕业的大学生已开始进入"独生子女"时代,10多年前,他们在家中大多处于"小皇帝"的位置,他们享受着比以往大哥哥大姐姐更优越的待遇。然而如今当他们走出大学校门的时候,要付出的努力也许要超过以往的大学生,岗位的就业压力与生存压力使绝大多数学子要靠自己的奋斗和竞争去迎接挑战。

问：7. 现在毕业的大学生面临什么样的处境？
　　　8. 他们为什么要付出更大的努力？

9～10. 暑假过后，许多孩子将迈进小学的校门，家长应尽快帮孩子适应学校生活。首先要让孩子回到现实，孩子在入学前都对学校抱有美好的想像，非常羡慕小学生的生活，但他们没想到一节课要坐40分钟，不能乱动。所以家长要给孩子一个思想上的准备。同时要鼓励他们，增强他们的自信心。其次，要帮助孩子养成良好的学习习惯，逐渐学会管理自己。另外，还要多从孩子和老师那里了解在校情况，配合学校教育。

问：9. 孩子入学以前，一般是什么心理？
　　　10. 这段文章主要说了什么意思？

11. 随着计算机的普及应用，青少年中的不少人同电脑越来越亲密，"人机关系"很好，但却不太愿意与周围人交往。他们掌握了比较丰富的电脑知识，但社交能力让人担忧。心理学家常说，有高"智商"，还要有高"情商"，才能取得事业的成功。家长和教育工作者要对"电脑迷"多加引导，使他们不但处理好"人机关系"，也能搞好人际关系。

问：青少年中存在什么现象？

12～13. 在一个对中学生谈恋爱这一问题的调查中，你是否赞成"早恋"，回答"是"的占30%，回答"看情况决定"的占25%，回答"反对"的占45%。假如让我来选，我也会加入到45%的行列来。还有一问是：你对男女同学频繁的接触怎么看？答"很正常"的占25%，我也非常赞同这种观点，好不容易摆脱了封建思想的约束，男女之间的正常交往、互相关心是多么美好的事情啊，当然，这种接触还是要把握好一定的分寸才好。

问：12. "我"对中学生早恋是什么态度？
　　　13. 对于男女同学的交往，"我"是怎么看的？

14～15. 新学期开始，教材内容经过调整，变得简单多了。很多小学有了更多的时间开设文艺、英语口语、绘画和手工制作等活动课，有的把电脑课从五年级提早到三年级开。学校把主要目光放在了激发学生兴趣、培养孩子全面发展上。这次改革试图改变学生"考试能力强、学习能力弱"的现象，减轻学生的压力。但中学的师生对此并没有多大惊喜，一位教师说，不管教材简单到什么程度，只要有高考竞争，老师就要想办法让学生学得多、考得高，所以，单靠调整教材而不改革高考制度，想达到改变教育方法的目的的可能性不大。

问：14. 教材为什么要进行调整？
　　　15. 中学老师对教材调整持什么态度？

第五课　单元练习（一）

第一部分

1. 应国家主席江泽民的邀请,也门共和国总统阿里·阿布杜拉·萨烈赫昨天下午抵达北京,对我国进行为期6天的国事访问。

　　问:这段话告诉我们什么?

2~3. 新华社基辅消息,乌克兰总统库奇玛昨天表示,俄罗斯总统叶利钦对乌克兰进行的国事访问,是两国关系中一个具有历史意义的事件。叶利钦当天也表示:即将签署的两国关系基础条约表明,俄罗斯与乌克兰的关系是平等的。他指出:近几年来,俄乌关系发展不顺畅,其中也有俄罗斯的过错,应该纠正。

　　问:2. 下面哪一条是正确的?
　　　　3. 叶利钦认为,俄罗斯和乌克兰的关系出现问题是谁的责任?

4~5. 中央台记者魏士亚报道:国务院总理李鹏昨天下午在人民大会堂同来访的巴基斯坦总理谢里夫举行了正式会谈。双方就中巴关系和共同关心的地区和国际问题广泛、深入地交换了意见。李鹏说:"中巴是亲密友好的邻邦,相信谢里夫总理此次来访,必将进一步推动中巴睦邻友好关系向前发展。"会谈以前,李鹏总理在人民大会堂北大厅,为谢里夫总理访华举行了欢迎仪式。晚上,李鹏总理和夫人朱琳设宴,款待谢里夫总理和夫人一行。

　　问:4. 双方会谈的主要内容是什么?
　　　　5. 哪一个活动是新闻中没有提到的?

6.《青海日报》报道,青海省一个名叫夏古雷村的藏族聚居村子有60多户人家,近几年来走出了67名大中专学生,其中村民噶扎西家就培养了6名大中专生,这个村人均收入不足400元,有的人家为了培养一个大中专学生而卖掉了全部牛羊,但村民们重视教育却蔚然成风。

　　问:这条新闻告诉我们什么?

7~8. 河南台消息,河南省录事县日前查处一起殴打小学生事件。今年8月底录事小学统考成绩公布后,沿沟村丰台小学代课教师陈某所教的一二年级成绩普遍较差,陈某认为有失脸面。今年9月份新学期一开始,陈某就对学生发脾气,先后把10多名一二年级学生打成轻伤,当地有关部门已经辞退了陈某,并在

83

教师队伍中开展了一次全面的职业道德教育。

　　问:7．关于陈某,下面哪一条是正确的?
　　　　8．陈某为什么打学生?

9．中央台记者报道,今后一个时期,我国将加大对来华留学工作的改革力度,加强宏观管理,建立评估体系和机制,尤其要改革我国政府奖学金的管理办法,逐步使来华留学生的管理工作进一步与国际通行做法接轨。据国家教委介绍,改革开放以来,我国共接受来自150多个国家的258000多名留学人员。

　　问:对来华留学工作的改革主要体现在哪方面?

10~11．安徽台消息,安徽省泉交县日前对全县40多所中小学校园内的100多家商店经营情况进行调查,发现校园商店过多、过滥,而且多属于无证经营,商品质量次、价格高、卫生状况差。为了净化学校育人环境,这个县责令这些校园商店立即关停。

　　问:10．下面哪一项不是校园内的商店存在的问题?
　　　　11．这些商店现在将怎样处理?

12~13．针对学校乱收费、学生作业负担过重、青少年犯罪等中小学生教育中出现的问题,济南市决定在学校中开展法律教育,增强学生的法制观念。这种教育将用以学校为主,并与家庭、社会相结合的方法进行。规定每学期的法制课时间小学、初中不得少于10课时,高中不得少于8课时。

　　问:12．下面哪一个方面不是学校进行法制教育的原因?
　　　　13．什么学生要保证每学期上8节法制课?

14．目前,很多小学的门前都挂着"家长学校"的牌子,实际上并不名副其实。有的只是一个学期开一次家长会,有的只是为了应付检查,几乎不开展活动,致使学校和家庭教育不能很好地配合,很多家长仍然不会当一个合格的家长。

　　问:"家长学校"的真正含义是什么?

15~16．自从德国在第二次世界大战中有900万人丧生以来,德国将第一次面临男多女少的问题。1998年,德国妇女已从1990年占人口总数的51.8%下降到51.4%。这一重要变化将对劳动力市场、夫妻关系、消费市场和政治选举等产生影响。妇女比例下降同人们的偏爱有关,德国人更愿意生男孩而不愿意要女孩。德国1998年男女婴儿的出生比例是1060:1000。但在老年人口中,女性数量大大超过男性,因为妇女寿命大大高于男子。而妇女越来越多地进入劳动领域与男人竞争也许会导致男女寿命相等,因而使德国妇女数量进一步减少,特别是30~40岁的婚龄女性少。

　　问:15．哪一部分年龄的德国女性大大多于男性?
　　　　16．下面哪一条不是德国女性减少的原因?

17~18．杭州一食品公司在看到"荷泽连续出现两例四胞胎"的报道后,立即与当地医院联系,将向经济困难的多胞胎家庭免费提供儿童食品,一直到孩子三岁。生下四姐妹的申某一家露出了笑脸。几年来,这家公司已经与全国各地近100家以上多胞胎家庭建立了联系,资助四胞胎家庭已达43个。

问:17. 申某一家生了什么样的四胞胎?
　　18. 这家公司已经支援了多少家四胞胎家庭?

19～20. 高校新生入学之时,专家提醒大学生注意以下心理问题:一是适应障碍。此类问题易发生在城市中长大的学生身上。他们在家时娇生惯养,而入学后则要自己去面对现实。二是学习障碍。在中学时是尖子的学生本来很自信,升入大学后才发现尖子学生到处都是,自己并不算太出色,因此容易产生自卑感。三是心理不平衡。有些来自富裕家庭的学生整天花钱享受,而一些贫困家庭的学生却要勒紧裤腰带,节约度日,贫富的不均衡使有的学生一味追求金钱,走上歪路。

问:19. 学习障碍主要发生在什么学生身上?
　　20. 心理不平衡的主要原因是什么?

第二部分

5月20号,北京海淀区红旗村小学没有了往日的歌声。学校惟一的一位音乐老师,21岁的杜丽丽再也不能为她的学生们歌唱了。就在前一天发生的一起严重的交通事故中,杜老师为了救护站在身旁的几个学生英勇地献出了年轻的生命。

悲剧发生在香山南路318路公共汽车红旗村车站。当时,在车站候车的有红旗村小学的三位老师、20多个学生和一些群众。那是下午5点30分,北京某运输队的两辆拖车相互牵引,由北向南行驶,突然,牵引绳松了,后面的拖车带着强烈的惯性向公路右边的车站直冲过去,就在拖车撞过来的一刹那,杜丽丽老师伸出手臂推开了身边的孩子,而自己却倒在了血泊之中。

红旗村小学没有了歌声,杜丽丽老师再也不能教孩子们唱歌了。五年级的谢峰还记得,在最后一次音乐课上,杜老师让他们复习《我们和祖国妈妈在一起》,他说,杜老师唱得最好的歌是《春天在哪里》,可是,明年春天再来的时候,我们却再也见不到杜老师给我们唱春天的歌了。

伸出手去,推开孩子,把生的机会让给了别人,把死的机会留给了自己,这虽然是几秒钟内发生的事情,却体现了一位老师对学生高度的责任感和深深的爱。

杜丽丽有一个表妹,叫杜丽萍。她是和杜丽丽一起长大的。在谈起杜丽丽时,她说,二姐一直都是我心目中的榜样。在我中考报志愿的时候,二姐鼓励我说:"报师范吧,老师是个崇高的职业,你肯定会喜欢上它的。"杜丽萍说,二姐毕业的时候,特别想考大学,她连报名费都交了。但是她听说上大专每年要交2000多元学费的时候,她最终还是忍痛放弃了。她对我说:"再等几年吧,我要用自己挣来的钱交学费。"去年底,二姐参加了高教自学考试,今年春季,刚刚通过大学语文的考试,她对我说:"到明年,我就可以拿到大专文凭了。"

  杜老师走了,红旗村小学的孩子们再也听不到杜老师为他们唱歌了,但是他们幼小的心里,却永远地记住了杜老师教给他们的每一首歌。

第六课　希望工程

第一部分　新闻简讯

★ 简讯一

"挽救一个失学儿童,就是赢得一个未来,留住一个在校生,就是留住一份希望",这是用爱心托起的希望工程向世人发出的动情呼唤。据统计,过去的五年里,我省希望工程共累计筹集资金5300多万元,救助88000名失学儿童,援建希望小学174所,捐建希望书库420套,大力发展了欠发达地区的基础教育,也推动了精神文明建设。希望工程是颗颗爱心托起的。

★ 简讯二

1991年以来,西藏和全国20多个省、市、自治区小朋友之间开展"手拉手"互助活动,互通书信100多万封,内地的少先队员还捐献"压岁钱"、零花钱近100万元,在西藏建立了三所"手拉手"希望小学。

★ 简讯三

中央台消息,中国儿童少年基金会等四单位日前宣布,国际音乐比赛中国获奖艺术家1997新年音乐会将于今年12月11号到14号在北京举行,演出收入全部捐赠给"春蕾计划",以救助全国贫困地区失学、辍学女童重返校园。"春蕾计划"是1992年由中国儿童少年基金会设立并开始实施的,五年来,已救助了大约30万名失学女童重返校园。

★ 简讯四

安徽台消息,安徽省岳西县74岁的离休教师楚方庆于1993年3月创办了"优秀大学生基金会",为成绩优异、家境贫寒的大学生发放助学金。四年来,共拿出近4万元,资助了41名生活困难的大学生。

第二部分　录音报道：充满爱心与希望的音乐朗诵会

背景音：今天，我们每一个人几乎都是怀着对失学儿童的关爱之心参加义演音乐会的。大家都知道孩子……

记　　者：各位听众，我是记者孙晓东，今年年初在首都观众中引起强烈共鸣的"呼唤诗神音乐朗诵会"昨天再次亮相北京音乐厅，与上次不同的是，这一次演出的全部收入都捐赠给了中国青少年发展基金会，用于建造中国第三所"爱乐希望小学"。由北京音乐厅倡导发起的为希望工程义演始于1994年，音乐带来温暖，爱心带来希望，三年来的义演收入解决了100个孩子五年的书本费，同时在山西省靖乐县建起了两所"爱乐希望小学"。

背景音：(歌词)让我们荡起双桨，小船儿推开波浪……

记　　者：这些可爱的孩子来自中国交响乐团附属少年及女子合唱团，四年来，每到5月31号的黄昏时分，他们就会聚集在北京音乐厅的前厅，用甜美的歌声迎接每一位关心中国未来的观众。尽管声势浩大的希望工程将在本世纪末告一段落，但早在第一届义演开始时，北京音乐厅总经理钱程就向社会各界宣布：为"爱乐希望小学"的义演将连续举办10年，也就是要持续到2003年。钱程告诉记者：

钱　　程：作为音乐厅呢，就是首先要考虑的是如何回馈社会，所以最实际的莫过于在每年的"六一"儿童节之前用自己的这种行为，联合艺术家们一起，举行这样的慈善性的演出，用这些收入去帮助一些没有机会上学的贫困地区的孩子们。这个义演活动，我们有信心搞得越来越好。

记　　者：今年的为了爱乐希望小学募捐义演由文化部艺术局、中央人民广播电台、中央电视台和中国青少年发展基金会共同主办，这次义演时值中国希望工程最后一次劝募活动开始之际，引起了社会各界高度重视。国务院副总理李岚清、外经贸部部长吴仪等领导同志和中央人民广播电台台长安景林购票出席了昨天晚上的音乐会。昨晚的义演摆出了四年来的最强阵容，参加演出的有著名表演艺术家孙道临，青年演员徐松子、濮存昕，配音演员乔榛、丁建华、姚锡娟，中央电台的年轻播音员肖玉和魏东也首次在北京音乐厅亮相。乔榛和丁建华是电影译制界的一对黄金搭档，他们朗诵的《孤独与奋斗》成了"呼唤诗神音乐朗诵会"的保留节目。

背景音：(朗诵词)人，不是生来要被打败的，你可以消灭他，可就是打不败他，你们打不败他！

记　　者：谈到参加义演的动机时，乔榛说：

乔　臻：知识就是力量,这个力量能推动我们国家前进,所以我们为了提高国民素质,作出这样微薄的奉献,这是理所当然的,义不容辞的。

背景音：(歌词)太阳落下明早依旧爬上来,花儿谢了明天还是一样地开……

记　者：音乐和诗歌是纯洁的,孩子的心灵也是纯洁的。我们衷心希望,那一双双无瑕的瞳孔里不再有失学的痛苦,不再有蒙昧的愚钝,不再有贫困的忧伤……

第三部分　选择正确答案

1. 中国建设银行以爱心基金的名义,日前与86所高校签定了每年出资200万元,资助1400多名高校贫困大学生的协议书。

　　问：中国建设银行要资助多少贫困大学生?

2~3. 安徽台消息,安徽省政府近日推出了以帮助有经济困难的高校学生为目的的奖学金、贷学金制度。这一制度规定,普通高校设优秀学生奖学金、国家专项奖学金、单位和个人奖学金三种。并向那些确有经济困难的本科、专科学生提供无息贷款。

　　问：2. 在这个制度规定中,不包括哪种奖学金?

　　　　3. 关于贷款,下面哪种说法是正确的?

4. 丹阳台消息,在江苏省丹阳市经商的温州女青年鲍晨燕,赚了钱以后不忘回报社会,投资800万元,创办了一所柏林幼儿学校,这所学校日前举行了奠基仪式。

　　问：关于鲍晨燕,下面哪方面内容文中没有提到?

5~6.《安徽日报》报道,安徽省太湖乡是一个贫困乡。全乡21所小学中,90%以上的校舍是土木结构的简易平房。其中7所小学的20多间校舍破烂、陈旧、不堪风雨,随时可能倒塌。师生们上课时提心吊胆,生命安全受到严重威胁。

　　问：5. 这个乡有多少小学的校舍有危险?

　　　　6. 校舍破烂的原因是什么?

7~8. 近几年的种种迹象表明,失学儿童的比例仍在上升,尤其是在农村,学校乱收费现象的滋生和考入大学的考生对突然增长的学费畏惧,使得某些农民的子女在比较利益的驱使下过早地辍学。从初中到高中再到大学的层层考试,也把有些不太明事理的学子们的学业给断送。

　　问：7. 农村的儿童失学现象表现在哪个阶段?

　　　　8. 下面哪个方面不是儿童失学的主要原因?

9~10. 美国微软公司总裁比尔·盖茨认为,10年以后,衡量贫富的标准将是教育。他说,未来很大部分的就业岗位就产生于服务业。因特网的普及将出现在那些基础教育水平发达的国家,好学的学生可以从因特网上获得知识,直接获得相关领域最好教师的指导。所以,竞争的成功与失败取决于各个国家的教育水平。有些发展中国家的教育体系如中国和印度前景很好。

  问:9．比尔·盖茨的主要观点是什么?
    10．因特网将在世界什么范围内普及?

11~12．据报道,西方一些国家都设立了在校大学生专项贷款。大学生在校期间可以向银行借低息贷款以完成学业,学生毕业后的头一年内必须开始偿还贷款。这样可以使在校大学生解除经济顾虑好好读书。而近几年来,在我国常有大学生因交不起学费而难以上大学的报道,尽管社会上的好心人纷纷援助特困大学生,尽管不少企业积极给大学生提供助学机会,尽管学校给特困生一定的照顾,但这都不是根本的解决办法。如果银行发放规定额度、利率,确定一定期限的低息专项贷款,保证被录取的大学生都能上大学,这才是解决问题的根本出路。

  问:11．西方一些国家在大学生贷款方面有什么规定?
    12．文章认为,我国解决贫困学生上大学的根本办法是什么?

13~15．据报道,对于泰国今年毕业的大学生来说,也许毕业就意味着失业。泰国每年共有10万名大学生毕业,他们的失业率达到40~50%。自去年爆发金融危机以来,泰国已有近800家公司破产,而这些公司曾经雇用了27万名职工。泰国严重的经济危机已迫使25万多名学生退学。估计这一数字将上升到30万人,这其中不包括大学和工科院校的学生,而只包括中小学生。泰国提供免费教育,但家庭必须缴纳校服和书本费。

  问:13．泰国已经有多少中小学生退学?
    14．哪一条不是泰国学生退学的原因?
    15．泰国的学生受教育不用交什么费用?

第七课　老人的晚年

第一部分　新闻简讯

★ **简讯一**

《四川日报》载文,对眼下流行的家庭"啃老"现象提出批评。文章说,有的年轻人自己成家后,不思自立,把小家当宾馆,父母的家成了饭店,有了孩子后,父母更成了佣人和仆人。文章说,当年迈的父母退休后,家庭之爱应以青年人奉献为主。

★ **简讯二**

《新华日报》报道,南京云南路西桥交叉口有一个远近闻名的"解忧亭",亭里从早到晚有人值班,为群众修理生活用品,免费咨询法律、医疗等问题,还备有代步工具和报刊等。这个"解忧亭"是戴爱华等20位离退休老人自费办起来的,这些老人年龄最大的93岁,最小的52岁,从专家、教授到电工、焊工、泥瓦匠应有尽有,对群众有求必应,一年多来,共为群众义务服务上万次,成为南京市精神文明建设的一个窗口。

★ **简讯三**

《南方日报》报道,广东省湛江市一位75岁的退休老工人,多年来,坚持义务上街抓扒手,12年抓获小偷700名。这位退休老工人名叫陈永祥,曾经因为同小偷搏斗而多次负伤,但他始终坚持不懈。他每天都到市场转悠,发现可疑的人就盯住不放,只要是小偷,就逃不过他的眼睛。在他的带动下,一些个体户也加入到市场反扒的行列。

★ **简讯四**

都说"久病床前无孝子",可滨州市小营镇高家村27岁的农村青年高建华在爷爷、父亲床前已连续精心服侍了10个年头,他于去年10月18号被授予"全省孝敬老人十佳好青年"的称号。高建华兄妹四人,他最小,1987年6月,在他初中毕业的前一天,73岁高龄的爷爷在雨中不慎滑倒,从此再没有站立起来。从那以后,爷爷与病榻为伴,17岁的建华也就承担起了照顾爷爷的重任。然而,祸不单行,爷爷患病不到3个月,长期患有高血压病的父亲又患上了偏瘫。哥姐在外工作,高建华正在读高中,但高建华却毅然承担起了侍奉两位老人的重任。在父亲病倒了3个月后,祖父去世了,之后的八九年里,他把全部心血都倾注到了照顾重病缠身的父亲身上。同父亲外出治疗,他有时把父亲背在身上,以减轻父亲坐车的痛苦。在照料父亲的同时,他还种着六亩地,他高中毕业后担任了管理区团总支书记,公事、家事,忙得高建华团团转,但他那颗孝敬老人的心却始终没变。

第二部分 录音报道:一位老人的藏报展览

记者:

各位听众,3月6号,在济南大厦举办的"庆祝三 八国际妇女节"、"迎香港回归"和"邓小平生平"藏报图片展,一大早就迎来了络绎不绝的参观者。这是家住市中区二七新村的普通居民吴天国老人个人举办的藏报展览。据了解,到目前为止,这位老人已举办类似的展览80多次,参观人数达16万之多。

今年64岁的吴天国,从50年代就开始收集书报、杂志、图片资料,40多年来,他收藏图书两万多册、图片近万份、报纸2000多种,其中包括1000多种报刊创刊号。在他住的三居室里,书占据了一大间,12个书架装得满满的,书架上下还堆着一捆捆、一摞摞的,把十多平方米的房间塞得满满当当。藏书多了,如何把这些藏书变活,发挥更大的社会效益,吴天国老人便萌发了办个家庭博览中心的想法。1990年2月23号,他在市中区文化局的支持下,举办了第一次"全国报刊创刊号"的藏报展览,从那以后他受地方、部队等70多家单位的邀请,先后举办了"老一辈革命家图片展"、"纪念抗战及反法西斯战争胜利50周年图片展"、"毛泽东同志诞辰100周年图片展"等展览,取得了广泛的社会影响。众多的参观者在看完吴老的展览后,都感慨很多。他们说,吴天国老人的展览丰富了我们的生活。

观众:

今天我看了展览,我觉得深受感动。我觉得这两位老人举办这次展览是非常的不容易,特别是这些资料这么详实,尤其是从前我从来没见到过,今天看了我觉得非常……从内心非常受震动。

记者:

吴天国老人的展览同时得到了老伴的理解和支持。他们夫妇二人开办了吴天国夫妇家庭博览中心,天天为社会开放,他们要让更多的人了解中国,了解中国历史,要让更多的人开拓眼界、丰富知识。

第三部分　选择正确答案

1.《辽宁日报》报道,辽宁省东港市盐场最近作出规定,不孝敬老人的干部不提升。场党委认为,干部职工在家庭中的表现最能反映他的道德修养,因此,在对干部职工的考核中,增加了处理家庭关系这一项。
　　问:这项规定的主要意思是什么?

2～3.记者从昨天召开的中科院第九次院士大会和中国工程院第四次院士大会上获悉,为了尊重知识,尊重人才,更好地维护老年院士的身体健康,我国从今年起,在中科院和中国工程院院士中实行资深院士制度,近期将建立中科院、中国工程院两院院士资深院士基金,给80岁以上的两院院士增发资深院士津贴,每位资深院士每年1万元。津贴从基金的利息中支付。
　　问:2.资深院士津贴是发给什么人的?
　　　3.下面哪一条是不正确的?

4～5.《浙江日报》报道,一位名叫于梅芳的农村妇女,19年如一日照顾瘫痪丈夫的感人事迹在她的家乡浙江省富阳县被传为佳话。于梅芳今年46岁,19年前与退伍军人杨关金结婚,婚后才8个月,丈夫不幸摔伤瘫痪。一个多月后,于梅芳又生下儿子。面对不能动弹的丈夫、吃奶的孩子,还有年迈多病的婆婆,于梅芳用孱弱的双肩默默地支撑起这个家。
　　问:4.下面哪一个说法是正确的?
　　　5.于梅芳是什么时候生下儿子的?

6～7.现在的老年人绝大多数和子女分开住,整天在家连个说话的人都没有,很是孤独,股市呢,就为他们提供了另一个生活空间。然而股市中拥有这些老年股民这种悠闲心态的人并不多,入市的股民,有的是为了赚取一家老小的生活费,有的是为了发家致富,还有的是为了迅速地扩充资金等等。甭管哪一种,功利性目的都很强,就是为了赚钱。而人的功利性目的太强了,往往容易头脑发热,失去理性。
　　问:6.大部分老年股民玩股票的目的是什么?
　　　7.文章认为什么样的股民比较少?

8～9.组织老年旅游要注意以下几点:一是时间上不宜过长。老年人出行易兴奋,加上休息不好,容易生病,时间长了受不了,一般一周比较合适。二是景点选择不宜太杂。考虑到老人的体力,应该选择主要景点参观,每天的活动安排不要太紧张。三是要有医生随团服务,出了问题及时处理,还可介绍一些旅游保健知识。四是费用不能太高。老年人虽然有些积蓄,但拿出大额资金出去旅游还是有困难。

问:8. 在老年旅游的注意事项中,哪一项是没提到的?
　　9. 为什么老年旅游用一周比较合适?

10～11. 随着社会的发展和家庭观念的更新,孤寡老人也想找到自己的"另一半"。但很多老人一直认为,老人再婚就是再找一个老的"伙伴",到自己有病有灾的时候可以互相照顾一下。许多老人在刚认识不长时间后就匆匆地登记了。结婚后才发现脾气、性格并不合适,以至闹别扭、吵架,再加上子女、财产等问题,导致最后离婚。专家指出,老人结婚也要以感情为基础。

问:10. 孤寡老人的"另一半"是指什么?
　　11. 老人再婚应该有一个什么态度?

12～13. 人们常说,"什么老了都不好,除了医生和老师"。按照国家规定,老人一般在55～60岁就退休或离休了,但很多知识分子和技术人员一生积累的经验也就随之消失在各个领域,这不能不说是一个遗憾。而这些老人大多身体硬朗,家庭没有了牵挂,还可以发挥他们的余热为社会创造财富。所以,很多有专长的老人如医生、老师、工程师、会计等纷纷被请回原单位或被其他单位高薪聘请,开始了他们的"第二次青春"。

问:12. 这段话中说的"一个遗憾"是指什么?
　　13. 老人开始了"第二次青春"是什么意思?

14～15. 每年的农历九月初九是中国的"老人节",这一天也是"九九重阳节",人们包括老人们都要到附近的山上去登高望远,期盼生活步步高。其实,老人在中国一直受到特别的尊重,他们代表着权威、经验和养育之恩。俗话说,"不听老人言,吃亏在眼前"、"姜是老的辣"等等都说明了这一点。但文革时期,敬老风气遭到破坏,如今恢复起来,也还需要一段过程,并不是一个"老人节"就可以解决的。

问:14. 关于农历九月初九,哪种说法不正确?
　　15. 文章认为尊重老人在中国做得怎么样?

第八课　走近残疾人

第一部分　新闻简讯

★ **简讯一**

第七届伤残人冬奥会将于明天在日本长野县结束。伤残人冬奥会是从1976年开始举办的,与夏季奥运会一样,每四年举行一次。日本皇太子德仁殿下夫妇和国际伤残人运动联合会主席罗伯特·斯特托华德出席了开幕式。在为期十天的会期中,选手们进行了高山滑雪、越野滑雪、冬季两项、速度滑冰和冰球等五个大项、34个小项的比赛。本届比赛共有来自亚洲、欧洲、美洲等32个国家和地区的587名选手参加,规模空前。

★ **简讯二**

下岗残疾女工周丽红失岗不失志,靠知识和技能自谋职业,近日被授予吉化集团"劳动模范"称号。29岁的周丽红原是吉化松花江工厂所属五金福利厂的职工。1993年工厂陷入困境,她因此下岗。下岗以后,她根据自己的特点选择了自己喜欢的服装裁剪行业,每天到几十里外的吉林市服装学校去学习,为了减少换车耽误的时间,多学些知识,她拖着一条患过麻痹症的残腿,学会了骑自行车,坚持骑车去上课。经过两个多月的学习,周丽红终于获得了劳动部门颁发的结业证书和技术等级证,在四川路市场开了一个"新特佳"服装店。周丽红经常根据顾客的职业、工作环境、气质等,为他们设计出更能适合本人特征的服装样式,如果感到面料、颜色不适合,她就劝人不要做,有些新奇的服装样式,周丽红常常是自己买来便宜的布料打出样,满意以后再给人家裁,她的小店因此渐渐"火"了起来。

★ **简讯三**

《文汇报》报道,上海新近成立了一家名为"深林"的盲人音乐工作室。五位成员都是20岁左右的盲人,自幼喜爱音乐。为了让他们梦想成真,他们的父母拿出全部的积蓄,每家还欠下几万元的债务,购买了一流的录音器材,从而使他们的梦想终于成真。

★ **简讯四**

《湖北日报》报道,日前,襄樊市于家湖乡水洼村14岁的肢残少女王玲终于圆了读书梦。王玲半岁的时候患了小儿麻痹,落下残疾,因为不能行走,加上家境贫寒,到了上学的年龄的王玲只能"望学兴叹"。今年9月,水洼村个体经营户谢万国带着买好的新书包来到王玲家,决定资助她上学。

第二部分 通讯:一个人大代表的助残情结

各位听众朋友、各位残疾人朋友,接下来是特别报道,我们要给大家介绍一位全国人大代表的助残情结。

九届全国人大代表福建省莆田华伦福利印染有限公司董事长许金和在当地是个名人。他出名不是因为创办了年产值1.8亿元、利税数千万元的印染企业,而在于许多年来,他对助残事业的执着追求。

在许金和的履历上,记录着这样一组数字:企业八成以上员工是残疾人,每年用于资助残疾事业上的支出数百万元,企业四次被授予"残疾人之家"和民政先进单位称号。

今年刚满40岁,质朴谦让的许金和说:"我的事业是和残疾人连在一起的。如果不是想为残疾人办点事,我就不会走上办企业这一步了。"为了让更多的残疾人有生活保障,10年前,许金和东拼西借了5万元,利用自己的技术创办了莆田市福利印染厂,招收残疾人和农村特困户当工人,产品远销美国、欧洲、东南亚等国家和地区。企业的快速发展和经济实力的增强,为许金和的助残事业提供了坚实的经济基础。

为了解决残疾职工的后顾之忧,许金和为全厂残疾职工每人一次性交纳保险金2000元;为了丰富残疾职工业余文化生活,使残疾人的身心得到有效的康复,他在厂内设立"残疾之家"和职工俱乐部;为了使残疾人老有所养,他建立了残疾人敬老院。南日村残疾职工许金年一家有四个残疾人,穷得揭不开锅,许金和将他们全部招进了工厂,干一些力所能及的工作,使他们逐步摆脱了贫困,迈向小康。许金和不仅资助8万元给秀武镇秀边村特困户残疾人徐玉贞作为康复医疗费用,还为厂内8对残疾人当"红娘",出资为他们布置新房,举办婚礼,组成家庭。办厂10年来,许金和先后为莆田市福利基金会、康复中心、福利院、精神病疗养院、市聋哑学校等单位捐资200多万元,他资助35名失学儿童重返校园,捐款数十万元修建小学教学楼、修村路、建路灯。我们从这位人大代表的身上感受到社会的关怀和人间的温情。

第三部分　选择正确答案

1. 中央台记者连铁华报道,山西大学把贯彻《残疾人保障法》作为精神文明建设的重要内容。近六年报考这所学校符合录取条件的23名残疾考生全都被录取,学校不但注意在生活上照顾残疾学生,更注意发挥他们的主体优势,给他们创造良好的成材环境。

　　问:这段新闻告诉我们什么?

2~3.《大众日报》报道,每到星期六上午,青岛市的繁华街头总会出现一辆标有"献血光荣"字样的流动采血车。这是山东省第一辆流动采血车,这辆采血车从今年5月底首次亮相,到9月上旬,接受群众无偿献血400人次,采血八万毫升。

　　问:2. 下面哪一种说法是正确的?

　　　3. 关于献血车,哪一种说法是不对的?

4.《今晚报》报道,天津市首家眼库建立,短短两天时间,就接到志愿者捐献眼角膜的咨询电话1320多个,志愿捐献者年龄最大的71岁,最小的14岁。

　　问:关于眼库,下面哪一种说法是对的?

5. 上海台消息,为纪念伟大的国际共产主义战士诺尔曼·白求恩大夫到达中国60周年,由中国和加拿大两国联合发行的白求恩大夫纪念银币昨天在上海面市。

　　问:下面哪种说法是正确的?

6. 城市居民用眼护眼状况堪忧,有三分之一左右的人近视。调查显示,受访者佩戴眼镜的人数为30.5%,而且戴眼镜者呈低龄化趋势。

　　问:下面哪种说法是不对的?

7~8. 香港于1995年制订了保护残疾人士免受歧视和侵犯的条例,同时,通过公民教育鼓励市民以更开放的态度接纳残疾人士。目前,香港共有8800个床位和2.4万多个日间服务名额,为残疾人士提供服务,包括特殊教育、技能训练和盲人安老等。虽然香港现在处在经济困难时期,但政府仍坚持推行为残疾人制订的服务计划,今年会拨出123.5亿港元发展康复服务。今年的拨款中有60%用于非政府机构,协助这些机构为残疾人士提供医疗、教育和福利服务。

　　问:7. 这段话告诉我们什么?

　　　8. 关于拨款,下面哪个说法是不对的?

9~10. 如今,吃醋颇为流行。先是在葡萄酒、雪碧、可乐里加上醋,发展到后来就餐前直接喝一杯醋。吃醋越来越时尚,并不是因为醋有调味功用,而是由于它已被当成一种健康饮品,它可以防止心脏疾病,预防高血压、结石,提高肝脏功能,预防癌症,另外,食醋还可以增进食欲。更妙的是,食醋还可以消除疲劳、美化皮肤,为女士们所喜爱。其实,吃醋风在美国、日本等国家比中国更为盛行。据统计,日本人每年平均吃醋 7.88 公斤,美国人 6.51 公斤,而中国人是 0.91 公斤。看来,中国人吃醋的胃口还可以再大一些。

  问:9.下面哪一项不是吃醋流行的原因?
   10.哪个国家的人吃醋最多?

11～13.由于心血管功能直接关系到寿命的长短,因此被认为是体质强弱的重要标志。广东省成年人心血管机能达到良好以上水平的人仅占 25.6%。据保守估计,目前广东省有 3000 万人的心血管功能处于中下水平。专家分析,工作节奏紧张、缺乏锻炼是造成心血管机能不佳的主要原因。而游泳是恢复和增强心肺功能的最好办法。除此之外,还可选择长跑、健步走等运动,但每天的运动时间最好保持半小时以上。

  问:11.在广东,有 25.6% 的人心血管机能处于什么水平?
   12.下面哪一个是心血管机能不佳的原因?
   13.下面哪一种运动文章中没有提到?

14～15.目前一项调查发现,阻碍成年人体质增强的一大问题是缺乏运动。有 13.2% 的人对体育不感兴趣;22.6% 的人表示,因为场地而不能经常参加锻炼。虽然有的人参与锻炼,但质量并不高,每次锻炼时间不足,间隔时间过长。

  问:14.一些想锻炼身体的人为什么不能经常运动?
   15.参加锻炼的人存在什么问题?

第九课　我们身边的雷锋

第一部分　新闻简讯与短评

★ **简讯一**

中央台记者杨鸣品报道,在毛泽东同志发表"向雷锋同志学习"题词34周年之际,海南省10万青年志愿者统一开展"学雷锋青年志愿者奉献周"活动,向群众宣传精神文明建设和法律常识,为群众义务维修、义务咨询、义务治病。

★ **简讯二**

《青海日报》日前载文指出,做文明人要从随手小事做起。文章说,在文明的日常生活中,随手做的事很多、例如,下班离开办公室,随手将报刊、茶具收拾好,看到没有被关上的门窗关好等等,这是随手做的文明事。但也有随手的不文明,如办公室新来的报纸,不管别人看没看,随手撕下好的图片或文章,看见别人的来信上有纪念邮票,随手撕下等等。这两种随手尽管都是区区小事,但体现着公德的高尚和低下。文章指出,文明之风的形成需要每个人从一点一滴的小事做起。

★ **简讯三**

在商品社会的大潮中,有人感叹人与人之间的关系冷漠了。有人贪图小利而置大义于不顾,但是真情却永远不会泯灭。《大众日报》日前报道了这样一件事:一位欠款3万多元的个体工商户在拾到他人丢失的一只装有4万多元的手提箱时,没有丝毫的犹豫,而是千方百计找寻失主,原封不动地送还。报纸热情颂扬了这位个体户拾金不昧的品德。一个打工妹在天津丢失的钱款失而复得,在找寻的过程中,有许多素不相识的人都向她伸出援助之手,今天出版的《天津日报》对此做了详细报道。

★ **简讯四**

哈尔滨市出租车司机戚魁军最近荣获"全国青年文明号"称号。戚魁军要求自己接到乘客订车传呼10分钟内一定回话,并积极为乘客导游、导医、导购,收费按计价器显示抹去零头,残疾人收半费,现役军人只收起步价。他把自己首创的2000多张"青年文明服务卡"交给乘客,还做了许多送轻生者回家、送还乘客遗失的钱物等好事。

★ **短评**

雷锋精神曾经教育鼓舞了一代又一代人,近年来,有人面对滚滚市场经济潮,提出这样的问题:雷锋精神是否过时了?雷锋精神还值得提倡吗?带着这个问题,记者进行了广泛的采访。据最新一份资料显示,以义务奉献为主要内容的青年志愿者行动自1993年在山东省开展以来,吸引了越来越多的青年参加,目前加入这一活动的有160万人,"一助一"长期服务结对达到60万对。这就有力证明了雷锋精神还没有过时,还有众多的人以雷锋为榜样奉献于社会。但是,学雷锋怎样去学?是每年三月份大家都涌到街上去,搞搞卫生、理理发、修修自行车才算学雷锋吗?这显然不是学雷锋的全部含义。我们每个人、每个部门、单位都要从自身出发,寻找出切合实际的学雷锋方式,对待工作要像夏天般的火热,对待顾客要像春天般的温暖,对待自己的岗位要像永不生锈的螺丝钉,只要是多做有益于社会的事情,就是学雷锋的实际行动。

第二部分 通讯:捧着一颗心来

现在播送《人民公安报》记者张晓春、中央台记者洪波采写的通讯:捧着一颗心来。

1996年底的一个下午,安徽省合肥市1000多位来自各行各业的群众,冒着凛冽的寒风、冰冷的细雨从10几里外赶来参加一个追悼会,为41岁的户籍民警李素珍送行。

李素珍是合肥市公安局长清派出所的一名户籍民警。长清派出所辖区管理着10万多人口,李素珍每天要接待80多名群众,每天从早忙到晚。一天,李素珍已经下班了,她正要离开派出所的时候,看见一位身有残疾的老人一步一拐地正往楼上办公室走来,她赶紧迎上去问道:"老人家,您有什么事吗?"老人气喘吁吁地说:"我来办户口,你们的门槛好高啊!"李素珍心里感到一阵内疚,急忙搀扶着老人上楼,给老人办妥了手续,又将老人搀扶下楼。这时候,天下起了雨,李素珍拿来自己的雨伞硬要老人打着回去,自己却冒雨骑车回家。第二天,李素珍到商店买了一批雨伞放在办公室,供前来办事的群众借用,李素珍还向所长建议,在楼下设立老弱病残服务台。辖区群众都说:"碰上李素珍这样的好民警,真是咱们的福气啊!"

在有些人看来，户籍警手中有权，有权就会有好处。可是李素珍从来不利用手中权力谋取任何非分之财。几年来，她办理户口3万多人次，没吃别人一次请，没收过别人一份礼。她说："我们的言行在群众眼里就是公安的形象，要对得起头上的帽徽啊。"

由于长期劳累过度，去年7月，李素珍病情加重，经诊断，是胰腺癌晚期。她躺在病床上，搂着儿子，眼含热泪，对丈夫和孩子说："我欠你们的太多太多了。"丈夫和孩子紧紧拉着她的手，泣不成声地说："我们理解你，你是我们全家的骄傲啊！"去年12月31号，公安部追授李素珍为"全国公安战线一级英雄模范"。

第三部分　选择正确答案

1. 锦州台消息，辽宁省林海市个体出租车司机李军开办了一个拥军电话亭。凡是军人和武警官兵在这里打电话，一律免费。开办9个月来，李军已免费接待官兵近两千人次。

　　问：下面哪种说法是不对的？

2～3. 河南台消息，河南省平舆县健康路过去是算命、看相、占卜等封建迷信活动的汇集地，周围群众说，健康路不健康。今年下半年，平舆县开始清除沿街封建迷信摊点，对从事封建迷信活动的人员进行法制教育，同时在街道两旁张贴了大量的科技宣传品，农业科技人员还设立了咨询台，如今，健康路充满了科学和文明的气氛。

　　问：2. 为什么群众说"健康路不健康"？
　　　3. 现在的健康路怎么样了？

4～5.《河北日报》发表文章指出，要清除语言文字污染。文章说，现在一些人歪曲使用汉语语言文字，不仅在口语中，而且频频出现在广播影视、广告演出和报刊杂志上。文章说，维护祖国语言的纯洁人人有责，特别是新闻出版文化部门，更应该担负起示范导向的责任。

　　问：4. 这篇文章的主要意思是什么？
　　　5. 什么方面更应该担负起纯洁语言的责任？

6～8. 在一般人的想像中，具有高等学历的人应该具有文明行为，然而在现实生活当中，却远不是这么回事。比如说，图书馆里好端端的书报常常被撕得满目疮痍，校园里本来干干净净的草坪常有果壳纸屑点缀其中，水房里的水哗啦啦地流，人们却视而不见，这些不文明的行为，有人把它称为"高等学历的低级行为"，今天的《午间半小时》节目还要说说这方面的事，广播的时间是第一套节目12点。

问：6. "高等学历的低级行为"是什么意思？
　　　7. 这段话中没有提到哪种不好的行为？
　　　8. 这段录音是一个什么节目？

9～10. 中央台记者袁华志报道，海军后勤学院学员戴伟寒假返校途中，在长沙火车站同抢劫财物的犯罪分子赤手搏斗，身负重伤。长沙市和戴伟的家乡湖南旺城县分别授予他"长沙市见义勇为最佳个人"、"旺城县学雷锋标兵"称号。海军近日也为戴伟荣记一等功。

问：9. 戴伟是一个什么人？
　　　10. 下面哪种说法是不对的？

11～13. 唐山市河北省煤矿设计院工程师徐家夫妇在文化大革命后得到了政府返还给他们的工资2.7万元，但两位老人不收，设计院就以他们夫妇二人的名义把钱存进了银行。1976年，毁灭性的唐山大地震使这两位老人和他们惟一的女儿不幸遇难。煤矿设计院也搬到了石家庄。22年过去了，设计院终于找到了远在北京、浙江等省市的两位老人的6位亲戚。通知他们来唐山办理继承手续。银行查清了徐家夫妇另外3笔计3200元的存款，加上原存款2.7万元，本息共计6.7万元。

问：11. 存到银行里的钱写的是谁的名字？
　　　12. 什么人继承了这笔存款？
　　　13. 现在一共有多少存款可以继承？

14～15. 9月4日，遭受洪水袭击的哈尔滨巴彦县松花江乡富裕村接到了一批捐赠的衣物。村民在一件小孩上衣口袋里发现了两张存折，共有存款12200元。他们马上报告了上级部门。县民政局副局长根据存折上的印章和储户的姓名，最后查到了储蓄所的电话号码。两张存折当天下午就送还到还不知此事的储户手中。

问：14. 两张存折是在哪儿发现的？
　　　15. 存折的主人是通过什么办法找到的？

第十课　单元练习（二）

第一部分

1~2. 中央台记者琼达报道,西藏实施希望工程取得丰硕成果,五年前,西藏全区75个县中,有36个县没有中学,913个乡中,有516个乡没有公办小学。1992年,西藏开始启动希望工程以来,共筹集各类救助资金3600多万元,建立希望小学上百所,使上万名失学儿童重新获得了读书的机会,现有学校的办学条件得到了改善。

　　问:1. 五年前,西藏有多少个县没有中学?
　　　 2. 希望工程使多少儿童重新回到学校?

3. 济南市槐荫训练大队一中队一班班长姜宏斌从1996年初开始至今,义务接送残疾儿童王昭雅上学。姜宏斌每天往返四次,单程六华里,风雨无阻。他说,人活着就应该像雷锋那样无私奉献。

　　问:下面哪种说法是对的?

4. 淄博台消息,山东省淄博市罗村村党委今年出台一项新规定:孝敬父母是当干部的必备条件之一,不孝敬父母者不准当干部。这项规定出台不到一年,全村干部没有发现一个不孝敬父母者,在他们的影响下,全村1500多户村民,尊老、爱老已蔚然成风。

　　问:刚才这段话告诉我们什么?

5~6. 各位听众,前不久,上海一位4岁男孩不慎将一颗黄豆塞入鼻孔,孩子呼吸困难,生命垂危,年迈的老奶奶抱着小孙子在路边呼救,紧急关头,一位出租车司机,不仅把孩子送进医院进行抢救,而且不收车费,还给小孩付了医药费,一位普通司机在别人危难之时丝毫不考虑自己的利害得失,无私地伸出援助之手,让人钦佩,叫人感动。

　　问:5. 谁遇到了危险?
　　　 6. 出租车司机做了什么好事?

7~8. 中央台消息,武警江西总队福州地区战士孙小强,7月5号凌晨坐公共汽车回温州探亲时,遇到车上两名歹徒抢劫乘客的钱财后逃跑。孙小强挺身而出,追捕歹徒,被歹徒刺中手腕、右臂和腹部,身负重伤,经抢救孙小强现已脱离危险。

问：7．关于孙小强，下面哪种说法是不正确的？
　　8．孙小强现在怎么样了？

9～10．心脏是人体的重要器官。心脏病是人类的第一杀手。对于患有严重心脏疾病的人，进行心脏移植是挽救生命的惟一途径。令人遗憾的是，目前可供移植的心脏根本无法满足患者的需求。许多人在漫长的等待中离开了人间。为挽救更多心脏病患者的生命，世界各国加紧研制人工心脏。从50年代开始，先在狗的体内植入第一个人工心脏，存活2小时，1977年又在小牛身上做实验，存活184天，1982年一个人工心脏被植入一名患者体内，存活112天，这标志着人工心脏取得重大突破。

问：9．为什么要研制人工心脏？
　　10．第一个人工心脏被移植到谁的体内？

11～12．1999年是国际老人年。我国目前已经成为世界上老年人最多的国家。60岁以上的老人已达1.2亿，占我国总人口的10%，约占世界老年人口的1/5，亚洲老年人口的1/2。下个世纪中叶我国老年人口可达4亿。人口的迅速老化和高龄化，使家庭结构和社会生活发生了变化，直接影响了经济发展，因此一定要对这个问题引起高度重视。

问：11．我国六十岁以上的人口占总人口的多少？
　　12．下面哪个方面不是老龄化带来的影响？

13～14．模特，一直是年轻人心目中的青春偶像。她们穿着时尚服装，在T形台上轻巧地穿行，向观众展示漂亮的身材。而最近，人们经常在电视上看到一群满头白发、满脸皱纹的老年人微笑着走在T形台上，她们就是特殊的老人模特。这些老人的身材不见得有多么苗条、面容不见得有多么美丽，步伐不见得有多少专业性，但她们以乐观自信的气质征服了众多年轻人。

问：13．录音中提到的是什么模特？
　　14．老年模特的优势是什么？

15～17．张海迪是一位山东姑娘，她在5岁的时候因为患病，腿再也不能站起来了，胸部以下高位截瘫。她由此失去了上学的机会。但她凭着一股韧劲自学课本，掌握了文化知识。她还学会了中医，学会了针灸，为家乡的许多人解除了病痛。她先后自学并熟练掌握了英语、日语、世界语等多门外语，并翻译了国外的文学作品。1983年，她的事迹通过新闻媒体传遍了中国，她乐观、好学、乐于助人的精神鼓舞和感动了无数人。医生曾经预言，她最多活到27岁，但是，今天的张海迪已经40岁了，她靠着社会的关怀和自己与生命抗争的勇气，出版了多部文学著作，成为一名专业作家，还在轮椅上录制了自己演唱的MTV，过着充实而乐观的生活。

问：15．关于张海迪，下面哪种说法是不对的？

16. 张海迪现在的职业是什么?
17. 医生当初认为张海迪能活多大年龄?

18~19. 49岁的刘爱梅是湖南省一个普通的农家妇女,丈夫是中学教师,儿子刚刚中专毕业,家庭经济条件并不富裕,但她30多年来一直坚持捐款帮助经济有困难的人。捐款次数达60多次,一共捐了多少钱,连她自己也记不清了。被捐助的人中有学生、老人、灾民。去年,刘爱梅的全年收入仅4000元,竟有一半用于捐款。她的捐款都是以假名寄出去的,直到最近才被人发现,成为新闻人物。

问:18. 关于刘爱梅,下面哪种说法是对的?
19. 刘爱梅30年一共捐了多少钱?

20. 上海第一家按照"三星级"标准设计的"宾馆式"养老院昨天开业。这家养老院分为居住区、医疗区、生活区和娱乐区,装有空调、电视等设备,配有经验丰富的专职医生。

问:开业的是一个什么地方?

第二部分

(背景音:电话铃声……)

林　健:你好!这里是林健爱心热线。我是林健。这位朋友,我能为您做点什么吗?

播音员:每天,这句话,林健不知要说多少遍。听着这甜美温馨的话语,你很难想像,她是发自一个直面死亡的晚期尿毒症患者。

　　林健的"健"是"健康"的"健",然而,命运似乎是捉弄人,使这个叫"健"的姑娘从来不曾拥有过健康。从7岁开始,交替出现的疾病一直在摧残她,吃药打针就像吃饭、睡觉一样平常,加减乘除也是医生、护士教会的。本应该天真烂漫、无忧无虑的童年,她却因病过早地读到了生命中最沉重的一页——死亡。

　　1989年,林健被诊断得了肾结石病,两个肾脏里满满地净是石头,连专家都感到吃惊。这以后四年的时间里,林健接受了15次碎石治疗,但是肾脏功能还是一天天地丧失了,成了一个晚期尿毒症患者,只能靠血液透析来维持生命。

　　饱受病痛折磨的林健却获得了幸福美满的婚姻。张磊,济南市中心医院烧伤科的大夫,一个比林健小两岁,英俊潇洒的小伙儿,成了林健的终身伴侣。他们是高中同学,张磊那时候就很敬佩林健,认为她经历过坎坷和磨难，懂得很多，跟自己和同学们根本不是一个层次的。他们成了很要好的朋友。爱情的种子也许就在那时，在他们心里悄悄地落下了。望着查不出病因，却倍受折磨的好朋友，张磊萌生了一个念头——报考医大，当一个医生，给林健一些切切实实的帮助。1988年，张磊考上了山东医科大学，他们心中爱情的种子也开始发芽了。真是不幸中的有幸，林健得到了爱情的滋润，得到了现代科技手段的相助，她的生命有了双重保障。

林　健：我觉得自己生命代价这么昂贵，维持我一个星期的生命就要1000块钱，我自己内心真的就很不安。那我觉得，就是说，你真的这个状态就不能再为社会做点什么了吗？

播音员：有心回报社会的林健很快就为自己找到了目标。她产生了一个想法：开办一条心理热线，为需要帮助的朋友提供一个倾诉的机会。1995年9月25号，"林健爱心热线"正式开通了。这是一条真正的热线，每天都有几十、上百个电话拨打林健的爱心号码。（背景音：电话的对话……）作为一名志愿者，林健坚守着一条"爱心热线"。她说，过去只是自己在和命运抗争，而现在，是同别人一起在抗争。

林　健：我觉得对生命（这个）不是单纯用时间来衡量它的。我觉得我注重对人生的这种体验。我可以说，在热线当中，在别人的生命里程中，也折射了我自己的人生。我不太细想昨天，也不去想明天，我就是拥有我的此时此刻。所以，我觉得挺圆满的。没有什么缺憾。

（背景音：电话铃声、回答声……）

附录二
部分练习参考答案

第一课　打开收音机

第一部分
简讯一练习 1.×　2.√　3.×
简讯二练习(二) 1.√　2.√　3.×
简讯三练习(二) 1.×　2.√　3.√

第三部分
1.B　2.C　3.D　4.D　5.A　6.B　7.C　8.D
9.A　10.C　11.A　12.B　13.A　14.A　15.B

第二课　人口与素质

第一部分
简讯二练习(二) 1.√　2.√　3.×

第二部分
练习(二) 1.√　2.√　3.×　4.×　5.√　6.√

第三部分
1.D　2.D　3.C　4.B　5.B　6.A　7.C　8.D
9.A　10.C　11.B　12.A　13.C　14.B　15.C

第三课　今天的儿童

第一部分
简讯三练习(二) 1.×　2.√　3.×　4.√
简讯四练习(二) 1.×　2.×　3.√　4.√

第二部分
练习(二) 1.√　2.×　3.√　4.×　5.√　6.√　7.×　8.√
9.√　10.×

第三部分

1.C 2.B 3.D 4.B 5.D 6.B 7.D 8.B
9.A 10.D 11.D 12.A 13.A 14.A 15.C

第四课　学校教育

第一部分

简讯三练习(二) 1.× 2.× 3.×
简讯四练习(二) 1.√ 2.√ 3.×

第二部分

练习(二) 1.√ 2.× 3.√ 4.× 5.√ 6.× 7.×

第三部分

1.A 2.D 3.A 4.C 5.B 6.B 7.D 8.A
9.A 10.C 11.C 12.B 13.C 14.B 15.C

第五课　单元练习(一)

第一部分

1.B 2.D 3.C 4.C 5.C 6.C 7.D 8.B
9.B 10.C 11.A 12.C 13.C 14.D 15.D 16.A
17.C 18.D 19.B 20.C

第二部分(二)

1.× 2.× 3.× 4.√ 5.×

第六课　希望工程

第一部分

简讯三练习(二) 1.× 2.× 3.×
简讯四练习 1.√ 2.× 3.√

108

第二部分
  练习(二) 1.× 2.× 3.× 4.√ 5.× 6.√ 7.√

第三部分
  1.D 2.D 3.D 4.D 5.D 6.B 7.D 8.A
  9.D 10.B 11.D 12.A 13.B 14.C 15.D

第七课　老人的晚年

第一部分
  简讯二练习(二) 1.√ 2.√ 3.√ 4.×
  简讯三练习(二) 1.× 2.√ 3.√ 4.×
  简讯四练习(二) 1.√ 2.× 3.× 4.× 5.√

第三部分
  1.C 2.D 3.D 4.C 5.C 6.A 7.B 8.D
  9.D 10.C 11.D 12.A 13.C 14.B 15.B

第八课　走近残疾人

第一部分
  简讯一练习(二) 1.× 2.√ 3.√ 4.√
  简讯二练习(二) 1.√ 2.× 3.× 4.×

第二部分
  练习(二) 1.× 2.√ 3.× 4.√ 5.√

第三部分
  1.D 2.B 3.C 4.C 5.A 6.B 7.B 8.B
  9.A 10.C 11.B 12.C 13.B 14.B 15.A

第九课　我们身边的雷锋

第一部分
  简讯三练习(二) 1.× 2.× 3.×

109

简讯四练习(二) 1.× 2.√ 3.× 4.√

第二部分

练习(二) 1.× 2.√ 3.√ 4.×
练习(三) 1.√ 2.√ 3.√ 4.× 5.√ 6.×

第三部分

1.C 2.C 3.D 4.C 5.D 6.B 7.A 8.D
9.A 10.A 11.A 12.D 13.D 14.B 15.B

第十课 单元练习（二）

第一部分

1.B 2.C 3.D 4.A 5.A 6.C 7.C 8.C
9.A 10.A 11.A 12.B 13.A 14.D 15.C 16.C
17.B 18.C 19.D 20.A

110